KB178469

미래의 인재,
대학의 미래

학생이 대학을 선택하는 시대

미래의 인재, 대학의 미래

권오현, 민경찬, 배상훈, 오대영,
이광형, 장상현, 허준 지음

포르체

밝은 미래를 위한
대학 혁신의 당위성

지난 20세기 후반, 우리는 민주화와 산업화를 동시에 달성하며 기적 같은 발전을 이루었다. 대한민국의 자랑스러운 역사다. 우리 대학들도 이러한 발전의 원동력인 인재들을 성실하게 길러내며 크게 도약했다. 1970년 통계에 의하면 당시는 고교 졸업생의 겨우 10%만 대학에 진학하던 사회였지만, 이제는 대부분이 대학에 입학하는 고등교육 보편 사회가 되었다. 실제로 2020년에 우리 청년층(만 25~34세)의 고등교육 이수율은 70%로 OECD 국가들 중 1위다. OECD 국가들의 평균인 45%를 크게 앞서는 이수율이다.

더불어 대학들은 새로운 지식을 창출하는 연구에서도 크게 성장했다. 연구 성과 중심으로 판단하는 세계 대학 순위에서 서울대학교가 처음으로 100위 안에 든 것이 2005년이었다. 그 후

우리 대학들은 계속 순위가 상승해 최근에는 100위 안에 5~6
개의 대학이 들어갔다. 서울대가 30위권에 이르렀으니 큰 발전
이다. 그럼에도 불구하고 이미 세계 무대에서 크게 인정받는 우
리 기업들과 비교했을 때 대학 경쟁력은 상찬보다 비판이 더
많은 것이 사실이다. 아프지만 합당한 비판이다. 오늘의 대학
경쟁력은 미래의 국가 경쟁력이다. 대학 경쟁력 제고는 우리의
밝은 미래를 위해 가장 중차대하면서도 시급한 과제다.

현재 우리는 350개에 가까운 대학을 갖고 있으며 전 세계 대
학의 총수는 2만 5,000개 정도로 알려져 있다. 세계는 좁아졌고
대학은 이렇게 많으니 대학들 간 치열한 경쟁이 생기는 것은
지극히 당연한 일이다. 게다가 우리 사회에서는 1990년대에
100만 명이 고교를 졸업하던 것에 비해 이제는 졸업생이 40만
명도 안 되는 형편이다. 우리 사회의 대학들은 이 사실만으로도
막다른 궁지에 몰려 있다. 절체절명의 위기다. 변화하지 않으면
존재 가치를 완벽히 잃어버릴 존재가 우리 대학들이다.

이미 언급한 바와 같이 우리 대학들은 지난 반세기 동안 성
실하게 인재를 길러내면서 서구가 먼저 발전시킨 산업 문명을
추격했다. 산업 문명 시대의 최고 가치는 균일한 품질의 제품을
효율적으로 대량생산하는 것이었으며 이는 인재 양성, 즉 교육
에서도 마찬가지였다. 획일적 교육과 기계적 평가로 규격화된
인재를 양성했다. 대학은 전공별로 잘게 나뉘어 각 산업 분야에

유용한 부품을 생산하듯 학생을 키워 사회에 배출했다.

그러나 21세기에 접어들며 세계는 정보 기술 발전 등에 의해 엄청나게 변화하고 있다. 이제는 스마트폰으로 모든 지식과 정보를 찾을 수 있고, 또 이를 통해 지구촌 모두가 서로 연결되는 디지털 세상이다. Digital Transformation은 문명 전환이다. 개인의 능력과 특성이 중요하며, 다양성이 절대적 가치를 지니는 디지털 문명 시대에 접어들었다. 오늘의 젊은이들이 살아갈 디지털 세상은 지나간 산업 시대와 완연히 다를 것이다. 당연히 대학은 미래 사회에 필요한 인재상을 치열하게 고민하며 교육의 틀을 새롭게 짜야 한다. 철기시대에 접어들었음에도 불구하고 석기 만드는 법을 계속 교육한다면 이는 조금도 가치가 없는 일이다. 대학 혁신의 필요성은 아무리 강조해도 지나치지 않다.

그러면 디지털 문명 시대가 요구하는 새로운 대학 교육은 어떤 형태일까? COVID-19에 의해 전통적인 대면 교육이 차단되면서 멀리서 서성이던 미래가 성큼 다가왔다. 잘 알려진 바와 같이 8년 전 미국에서 개교한 미네르바대학은 강의실이나 도서관이 없는 대학이다. 학생들은 세계 주요 도시에 6개월씩 머물며 다양한 인류 사회를 직접 경험하고 모든 수업은 온라인으로 수강하고 있다. "인쇄기도 없던 1000년 전 교육 시스템을 고수하는 현재의 대학은 21세기에 전혀 맞지 않는다"는 것이 미네르바대학 설립자의 이야기다. 미네르바가 정답은 아닐 것이다.

그러나 우리 사회는 이런 혁신적인 대학 교육까지 수용해야
한다.

이런 문명의 대전환 시기를 헤쳐나갈 수 있도록 새로운 대학
교육의 방향을 제시해준 저자분들께 감사의 뜻을 전한다. 이 책
에 제시된 미래를 준비하는 대학 교육의 본질에 대해 많은 독
자가 공감하리라 믿는다. 디지털 시대에 걸맞은 고등교육이 우
리 대학 사회에 자리 잡으면서 대한민국이 한 발자국 더 나아
가는 계기가 되길 기원한다.

김도연 (교육과학기술부 전 장관, 포스텍 전 총장)

추천사

미래 인재와 대학을 위해 던지는
매서운 현실 인식과 따뜻한 충고

문명사적 대전환기라고 한다. VUCA 시대를 말하기도 한다. 지금의 시대가 급변성(Volatility), 불확실성(Uncertainty), 복잡성(Complexity), 모호성(Ambiguity)으로 가득 찬 시대라는 것이다. 한마디로 갈피를 잡을 수 없는 혼돈의 시대에 우리는 살고 있다. 이런 시기에 기존의 관습과 제도에서 벗어나지 못하면 미래에 길을 잃고 풍랑에 좌초될 위험에 빠진다.

큰 통찰력을 가진 경제학자 제프리 삭스(Jeffrey D. Sachs) 컬럼비아대학 명예교수는 본인의 저서 《지리 기술 제도》에서 인류 문명이 일곱 번의 시대적 변화—구석기시대, 신석기시대, 기마 시대, 제국 시대, 해양 시대, 산업화 시대를 거쳐 디지털 시대—를 통해 발전해왔다고 했다. 그러나 산업화 시대가 시작되기 전까지는 인구의 증가, 도시화율, 노동생산성이 그리 크게 변하지 않았다. 20세기 산업화 시대가 진전되면서 비약적으로 성장했다. 21세기 디지털 시대에 들어와서는 거의 지수함수의 모습을 보이며 상상할 수 없을 정도의 빠른 속도로 발전하고 있다.

21세기 급변하는 인류 문명의 변화 과정 속에서 인류는 다양한 변수가 상호작용하는 복잡성 그리고 변화의 방향을 감지하기 어려운 불확실성과 모호성에 빠져 있다. 이러한 혼돈 속에서 새로운 산업이 등장하고 기존의 가치와 질서는 도전받고 있다. 기계가 내재화된 인간, 부캐와 아바타로 사는 인간, 메타버스와 같은 가상 세계에서 생활하는 인간의 모습으로 인해 인류 문명은 새로운 장을 열고 있다. 20세기의 지식은 더 이상 높은 효용성을 보장하지 못하고 기존의 제도와 관습은 변화를 강요받고 있다. 이러한 가운데 한 사회의 미래를 견인하는 대학의 모습은 어떻게 바뀌어야 하나? 대학에서 길러내는 인재들은 어떤 교육을 받고 어떤 능력을 가진 채 사회에 나와 사회를 이끌어나가야 하는가?

치열한 교육열로 인해 우수한 인재들을 배출한 것만으로 부존자원이 없는 분단된 한반도에서 세계 10위권의 경제 대국으로 성장한 우리나라가 앞으로 나아가야 할 미래의 비전을 다시 한번 생각해볼 때이다. 1%의 인재가 나라를 먹여 살린다는 관점에서 보면 어떤 인재를 미래에 키워내야 하고, 대학은 이를 위해 어떤 변화를 모색해야 하는지에 대한 고민이 깊을 수밖에 없다. VUCA 시대에 대학과 사회가 혼미한 상태에서 방황한다면 우리에게 미래는 없다.

혼돈의 시기에 미래를 앞서 내다보고 준비해왔던 우리나라의 대표 대학 지성인과 기업의 리더가 인재의 미래와 대학의 미래를 위한 거친 항해 과정에 조타수 역할을 자임하고 나섰다. 이 책에 참여한 저자들은 미래 한국 사회를 위해 지금 우리의 교육이 변화해야 할 방향에 대해 쓴소리를 마다하지 않고 거침없는 조언을 해주고 있다. 저자들은 구한말 위정척사 운동으로 근대화의 물결을 애써 외면했던 유생들과 달리 미래의 변화를 읽고 빠르게 대응해야 하는 나침반 역할을 한다. 또한 미래를 읽지 못하고 보신주의에 안주했기 때문에 경험한 치욕스러운 일제강점기와 남북분단과 같은 역사를 반복하지 않기 위해 미래 인재상을 상세하게 보여주기도 한다. 혼돈으로 가득 차 헬조선까지 외치며 미래에 대한 희망을 잃고 좌절하는 젊은이들에게 새로운 변화의 방향을 제시하는 것이다. VUCA의 시대에 우리의 대학과 젊은이들이 어떻게 변화하고 대응해야 하는가를 가르쳐준다.

권오현 삼성전자 전 회장은 급변하는 세계 속에서 인재를 어떻게 키워내야 하는가에 대한 고민을 잘 설명한다. 관습에 빠져 열심히 일만 하는 능력에서 벗어나야 한다며, 학벌과 제도에 안주하여 변화를 두려워하는 대학과 젊은이들을 위해 조언을 아끼지 않는다. 미래에 필요한 인재의 조건과 자질의 특성은 교육열에 불타는 학부모들이 경청해야 할 내용들이다.

창의적 아이디어와 과감한 도전으로 유명한 KAIST의 이광형 총장은 AI 시대를 살아갈 젊은이들의 꿈과 상상력을 강조한다. 전통적 지식 습득에 안주하지 말고 세상을 향해 열린 눈을 갖고 자신의 능력을 마음껏 펼치기를 권한다. 뛰어난 능력을 갖춘 우리 젊은이들이 전 세계를 무대로 AI가 내재화된 인간과 사회와 공존하며 자신의 삶을 의미 있게 개척해나가야 한다고 조언한다.

대학 혁신의 아이콘인 오대영, 배상훈, 장상현, 허준 교수는 현재 우리 대학의 위기를 진단하고 세계 대학들의 혁신 사례들을 살피면서 나아갈 방향을 제시한다. 혁신 대학들이 개방성, 연결성, 다양성으로 변화하는 것을 보고 우리 대학에 대해 획기적인 개혁을 주문한다. 또한 코로나 팬데믹 이후 더 가깝게 다가온 문명사적 대전환의 과정에서 AI와 빅 데이터를 기반으로 한 온라인 학습과 공유대학의 개념을 소개하고, 대학의 본질적 기능인 학생 성공을 위한 맞춤형 교육의 필요성을 강조한다.

오랜 기간 교육 혁신에 앞장서온 민경찬 연세대 명예교수는 책 전체의 논의를 종합하며 우리나라 대학의 미래와 새로운 인재상과 새로운 학습 생태계를 만들 것을 제안한다. 학생 성공을 교육의 목표로 하여 글로벌 환경에서 대학뿐 아니라 정부, 기업, 언론 등 다양한 사회조직이 연결되어 대학의 혁신을 이뤄야 한다고 강조한다.

새로운 변화를 예민하게 인지하고 조직을 앞장서서 이끌어 온 대학과 기업의 리더들이 대학의 미래와 인재의 미래를 위해 던지는 매서운 현실 인식과 따뜻한 충고는 내일을 준비하는 젊은이들과 대학 관계자들에게 큰 등대의 역할을 해줄 것이다. 입시 중심의 대학 논의와 오늘의 좁은 현실에 갇혀 있는 학생, 학부모, 대학, 교육 당국, 언론, 시민 단체에게 깊은 울림을 줄 이야기들임에 틀림없다. 디지털 전환으로 새로운 문명사가 펼쳐지는 오늘 교육의 미래에 관심이 있는 모든 사람이 이 책을 읽으면서 깊은 고민에 빠져들길 바란다.

염재호 (고려대 명예교수, 제19대 총장)

집필진

권오현

서울대학교 전기공학 학사와 KAIST 석사를 거쳐 미국 스탠퍼드대학교에서 전기공학 박사를 받았다. 1985년 삼성전자 입사 후 33년간 재임하며 반도체총괄 사장, 삼성전자 대표이사 부회장, 삼성종합기술원 회장을 역임했다. 저서로는 《초격차》, 《초격차: 리더의 질문》 등이 있다.

민경찬

연세대학교에서 수학을 전공하고 캐나다 칼튼대학교 대학원에서 위상수학으로 박사학위를 취득했다. 1982년부터 연세대학교 교수로 38년 재직했고 현재 명예교수다. 연세대학교 입학처장, 교무처장, 학부대학장, 대학원장, 미래전략위원장, 대한수학회 회장, 국제퍼지시스템협회(IFSA) 집행위원, 교육과학기술부 정책자문위원장, 국가교육과학기술자문회의 대학교육위원장, 국무총리 소속 인사혁신추진위원장을 역임했다. 현재 과실연 명예대표, 기초과학연구원 과학자문위원장, 태재디지털대학교 감사로 활동 중이다. 공저로 《학부교육 선진화의 비전과 도전》,

《제4차 산업혁명시대 대한민국 미래교육보고서》,《대전환의 시대 국가인재경영》,《백지에 그리는 일자리》등이 있다.

배상훈

서울대학교에서 윤리교육을 전공하고 미국 펜실베니아주립대에서 교육정책과 인적자원개발을 공부해서 박사학위를 취득했다. 1993년 제36회 행정고시에 합격하여 교육부와 청와대 교육비서관실에서 공직생활을 했고, 2010년부터 성균관대 교육학과 교수로 재직 중이다. 학생성공(Student Success)과 대학 혁신 분야를 연구하고 있으며, 대학에서 학생처장과 학생성공센터장을 맡아서 활동하고 있다. 저·역서로는《잘 가르치는 대학의 특징과 성공요인》(공저),《대학 혁신을 위한 빅데이터와 학습분석》(공역),《캠퍼스 디자인》(공역),《미래의 귀환》(공저) 등이 있다.

오대영

서울대학교 외교학과를 졸업하고 한양대학교에서 언론학 박사학위를 취득했다. 1988년부터 2011년까지 중앙일보에서 기자로 근무하면서 일본특파원, 논설위원, 국제부장 등을 지냈으며, 대학평가 실무를 4년간 총괄했다. 2011년부터 가천대학교 미디어커뮤니케이션학과 교수로 있으며, 사회과학대학 학장과 신문방송국 국장을 맡고 있다. 저널리즘과 4차 산업혁명 시대의 빅 데이터 분석, 커뮤니케이션 변화가 주요 연구 분야이다. 교육부의 장관정책자문회의, 대학자율화위원회, 대학구조조정위원회, 대학선진화위원회, 글로벌 Ph.D 위원회 등의 위원을 역임했다. 저서로는《한국의 지하경제》(공저),《끄덕끄덕 세계경제》(공저),《닛폰 리포트》,《저널리즘 이론과 현장》,《R을 이용한 공공데이터 분석》등이 있다.

이광형

서울대학교와 KAIST에서 산업공학 학사와 석사학위를 받았고, 프랑스 INSA에서 전산학 박사학위를 받았다. 1985년부터 KAIST에 재직 중이며 2021년부터 총장으로 있다. 1995~1996년 미국 스탠퍼드연구소 초빙교수로 있었고, 한국지능시스템학회장, 한국생물정보학회장, 미래학회장, 국가교육회의위원, 기획재정부 국가중장기기획위원장, 법무부정책위원장, 경찰청미래비전위원장을 역임했다. 저서로《세상의 미래》,《3차원 창의력 개발법》,《누가 내 머릿속에 창의력을 심어놨지?》등이 있다.

장상현

동국대학교에서 전자계산학을 전공하고 동 대학교 대학원에서 컴퓨터공학 석사와 박사학위를 취득했다. 1997년부터 한국

교육학술정보원에서 근무했고 대학학술본부장으로 교육부 대학원격교육지원센터 사업을 총괄하고 있다. 미시건대학교 사범대학 HICE 연구소 객원연구원, 숙명여대, 서울교대 겸임교수를 지냈고 현재는 경북대학교 IT학부 겸임교수로서 인공지능 관련 강의를 담당하고 있다. 대통령 소속 국가정보화전략위원회 전문위원으로 파견 근무를 했고, 현재 대통령 직속 국가교육회의 디지털교육특별위원회 위원으로 활동하고 있다. 《글로벌학습시대 묵스(MOOCs)의 이해》,《공개교육자료 OER》 등에 공동 저자로 참여했다.

허준

서울대학교 토목공학과에서 학사를, 미국 위스콘신대학교에서 석사학위와 박사학위를 취득했다. 미국 벤처기업에서 2000년부터 5년간 CTO로 재직하면서 Fortune 500 기업과 현물 투자기업들에게 제공하는 기술 개발을 총괄했다. 2005년부터 연세대학교 건설환경공학과에 재직하고 있으며, 연세대학교 교육혁신조직인 Open Smart Education 센터장을 역임했고, Coursera에서 'Spatial Data Science and Applications' 제목의 MOOC를 운영하고 있다. 저서로는 대학의 역사를 리뷰하고 대학의 미래를 조망한 《대학의 과거와 미래》가 있다.

서문

미래 인재를 키우는
새로운 대학을 꿈꾸며

우리 모두는 COVID-19 팬데믹으로 2년 넘도록 힘들게 지내고 있다. 언제까지 지속될지도 아직 불투명하다. 이는 기후변화를 비롯해 지구촌 자연 생태계의 변화와 연계되어 있으며, 지구촌의 지속 가능성이라는 과제를 크게 부각시킨 계기가 되었다. 또한 4차 산업혁명, 디지털 전환은 일과 일자리에 큰 변화를 가져왔다. 인공지능은 인간의 감성 영역까지 침범할 정도이고, 유전자 기술은 인간이 인간으로서의 정체성을 지키기 어려운 환경으로 몰아갈 것 같은 분위기다. 미래는 예상조차 하기 어려운 가운데 엄청난 변화와 함께 빠르게 다가오고 있다.

이와 더불어 우리 대한민국 국민은 지정학적 과제도 안고 있다. 세계 질서의 변화 속에서 핵미사일로 공격력을 강화하는 북한, 중국몽의 실현을 위해 힘을 키우는 중국은 갈수록 위협적이다. 특히 미·중 갈등은 우리 한반도에 어떤 불똥이 튀게 할지 모른다. 가까이 있는 일본 그리고 미국, 러시아 등과 관계 설정도 갈수록 만만치 않다. 여기에 내부적으로는 저출산·고령화에 따른 어려움과 이념 갈등, 편 가르기 등으로 사회가 파편화되고 있다. 이를 조장해온 정치로 인한 혼란으로 국민의 삶과 국가의 미래에 대한 방향조차 읽기가 어려운 상황이다.

그러면 이러한 문제들을 어떻게 풀어가야 할 것인가? 이는 결국 '사람' 그리고 이들 사이의 '관계'를 통해 풀어갈 수밖에 없다. 우리가 어떻게 대응하느냐에 따라 국민 각자의 삶과 대한민국, 더 나아가 지구촌의 모습이 결정될 것이다. 결국 우리가 어떤 생각과 역량으로 다가오는 문제들을 어떻게 해결해나가느냐에 달린 것이다. 여기에서 중요한 것은 인류가 직면하고 있는 문명사적 대전환의 흐름을 제대로 이해하고 우리가 가야 할 길을 찾아내는 안목과 효과적으로 대처해나갈 수 있는 능력이다.

먼저 시대 변화의 흐름이 우리에게 던져주는 메시지를 읽을 수 있어야 한다. 추구하는 철학, 가치, 태도, 판단력, 문제해결 역량과 갈수록 영향력이 커지는 인공지능, 유전자 기술을 비롯한 과학기술에 대한 이해력이 기본적으로 갖춰야 할 요소들이다. 그러므로 세상 보는 눈을 가지고 미래 시대를 바람직한 방향으로 창조해나갈 수 있는 다양한 영역의 인재, 지도자 양성이 관건이라고 본다.

　이러한 관점에서 초·중등교육에 지대한 영향을 주고, 졸업 후 사회로 인재를 배출하며, 과학기술을 비롯한 새로운 지식을 창출하는 대학의 역할이 매우 중요하다. 근대 이후 큰 변혁기에 국가와 사회가 성공적으로 대처해온 배경에는 늘 대학이 자리를 잡고 있었다. 대학들이 시대정신을 담을 수 있도록 새로운 모델로 탈바꿈하며 혁신의 요람이 되어주었기 때문이다. 사실 대학의 발전도 대학이 국가와 사회가 요구하는 시대적 소명에 적극 응답할 때 이뤄졌다. 이를 오늘의 한국 대학은 되새겨야 할 것이다.

　현재 우리 대학들은 안타깝게도 학령인구 급감에 따른 신입생 미충원, 14년에 걸친 등록금 동결 등의 외부 여건과 정부의 재정지원사업, 국내 외 대학 평가, 대학 내부의 갈등 등 수십 년 간 누적되어온 획일화, 고정화된 틀에 모두가 갇혀 있다. 대학의 존재 이유 자체가 명확하지 않다는 비판도 나온다. 이는 결국 국가의 위기로 이어질 수 있다는 점에서 매우 심각하게 받아들여야 한다.

　그러므로 대한민국의 대학들은 앞으로 어떤 모습으로 어떻게 변화하며 '사회적 역할(social impact)'을 제대로 할 것인지를 깊이 고민하고 새로운 차원에서 새 방향을 찾아야 할 때다. 이제 대학은 20세기 산업화 시대를 이끌어온 기능적이고도 획일화된 지식인보다 21세기 대전환의 시대를 주도할 다양한 창의적 인재들을 양성해야 한다. 대량생산 체제의 산업구조에서는 분절화된 전공 지식이 매우 효율적인 능력으로 평가되었지만, 디지털 전환과 함께 급변하는 사회에서는 어떤 상황을 만나더라도 자기주도적으로 당당하게 도전할 수 있는 폭넓은 교양, 기초교육 기반의 역량과 태도가 중요하다. 또한 인간이 인공지능과 차별화할 수 있는 감성—상상력, 고도의 분석 추론 능력, 융합 능력 등을 더욱 키워야 한다.

세계적인 대학은 세계가 안고 있는 문제들을 고민하며 인류와 지구촌 문제의 해결에 적극 기여하는 대학이다. 따라서 한국 대학의 사회적 역할은 국내를 넘어 세계로 그 범위를 확대하는 것이다. 이는 역사의식과 시대정신을 가지고, 이 세상을 지속 가능한 사회와 지구촌으로 만들어나갈 인재, 디지털 미래 사회를 이끌어갈 인재, 국가 간의 갈등을 넘어 동서양의 화합을 주도할 인재 등을 양성하는 일이며, 현재 세계에서 가장 영향력 있는 대학들을 넘어서겠다는 비전과 꿈을 키우는 일이다. 또한 이는 세계 속에서 대한민국의 리더십을 확고히 하여 국가를 튼실하게 세우는 일이며, 국민의 안전하고 행복한 삶과 국가의 지속적인 안위와 발전을 다음 세대들까지 이어가는 일이다.

그런데 오늘의 한국 대학 사회가 처한 현실을 볼 때 이렇게 크고 중요한 비전을 얼마나 기대할 수 있을까? 기존의 파편적인 대응 방식으로 가능할까? 새로운 시도를 하려면 낡은 것은 멈춰야 한다. 그러므로 우리에게는 새로운 대학이 필요하다. 21세기 들어서며 시대가 요구하는 세계적인 혁신 대학들이 여기저기 새롭게 등장하는 것처럼, 우리도 새로운 패러다임의 대학을 탄생시킴으로써 풀어가야 할 것이다. 새로운 시대는 새로운 인재를 필요로 한다. 그러므로 이러한 인재를 키울 수 있도록 새롭게 요구되는 역량과 태도를 함양시킬 수 있는 새로운 대학을 그리는 것이다.

《미래의 인재, 대학의 미래》는 21세기 대한민국의 미래를 위해 기존의 대학과 차별화된 새로운 대학을 꿈꾸며 새롭게 설계해보고자 한다. '새 시대에는 어떠한 인재가 필요할까?', '새로운 인재를 키워낼 새로운 대학이란 어떠한 대학이어야 하는가?' 그리고 '새로운 대학은 어떻게 구현해나갈 수 있는가?'라는 질문에 대한 답을 찾는 것이다. 이는 우리나라 상황에 실질적으로 적용할 수 있는 대학 혁신 방안이어야 하여, 한국의 대학들이 여기에 동참할 정도로 공감대를 형성할 수 있어야 한다. 혁신의 흐름이 확산되기를 기대하는 것이다. 이제 한국 대학은 학생, 국민 그리고 사회가 기대하는 대학으로 변화하여 모두에게 새로운 희망을 줄 수 있어야 한다.

본 저서는 1부 '새 시대를 맞이하는 미래의 인재', 2부 '새로운 인재를 키워낼 미래의 대학'으로 구성되어 있으며, 일곱 분이 집필자로 참여했다.

　1부의 1장은 "급변하는 세계 속에서 미래를 위한 새로운 도약은 어떻게 이뤄질 수 있는가?"라는 질문에 대한 답이다. 세계적인 기업을 이끌어온 권오현 회장(전 삼성종합기술원, 전 삼성전자 대표이사)은 세계 질서와 산업구조가 크게 요동치는 대전환의 시대에 새로운 도약을 위해서는 21세기에 걸맞은 새로운 고등교육의 혁신과 새로운 대안이 필요함을 강조한다. 대한민국이 초격차로 선도 국가가 되려면 이제는 모방과 개선이 아니라 앞서 나가는 창조여야 한다는 것이다. 이러한 혁신을 위해 새 시대에 필요한 미래형 인재의 모습은 어떠하며, 이러한 인재를 양성하기 위해 바람직한 대학의 미래 모습은 어떠해야 하는지를 구체적으로 제시한다. 이와 더불어 새로운 인재들을 수용하고 제대로 활용할 수 있는 기업과 사회의 문화가 중요함을 강조하며 리더들의 과감한 변화를 요청하고 있다.

　1부의 2장은 "AI 시대를 살아가는 미래형 인재란 무엇이며 어떻게 형성되는 것일까?"라는 질문에 대한 답이다. 세계적인 대학으로의 혁신을 이끌고 있는 이광형 총장(KAIST)과 한국 교육의 디지털 혁신에 앞장서고 있는 장상현 본부장(한국교육학술정보원 대학학술본부)이 대학 교육 혁신의 방향을 제시한다. 인간이 AI와 한 팀으로 협력하고, 유전자 기술로 탄생하는 새로운 '인간'과 공존하며, 인간 중심 사회를 지속적으로 지키고 발전시켜나가는 데 필요한 역량을 소개한다. 또한 급변하는 21세기에 100세 시대를 살아가야 하는 학생에게 요구되는 기본적인 능력과 태도에 대해서도 안내한다. 미래는 상상력과 꿈이 만들어간다는 점에서 학생은 눈을 세계로 돌리고 하고 싶은 것을 자유롭게 경험하며 자신의 특성, 색깔 그리고 꿈과 목표를 찾을 것을 권한다. 그리고 계속해서 배우며 새로운 것에 적응하겠다는 열린 자세를 갖추라고 한다.

2부의 1장은 "한국 고등교육의 위기는 무엇이며, 세계는 어떻게 혁신해가고 있는가?"에 대한 답이다. 언론인으로 오랫동안 한국 교육 발전에 기여해오신 오대영 교수(가천대), 현장에서 대학 혁신을 주도하고 있는 배상훈 처장(성균관대 학생처), 대학의 미래를 깊이 연구해오신 허준 교수(연세대)는 한국 대학에 대한 진단과 함께 미래를 향한 혁신의 방향을 찾게 한다. 대한민국이 오늘의 위상에 이르기까지 한국 대학이 중심적 역할을 해왔으나, 이제는 유효하지 않고 오히려 위기에 처하게 된 모습과 그 배경을 소개한다. 이제는 새로운 가치와 비전을 세우며 뼈를 깎는 혁신과 체질 개선을 한국 대학에 요구한다. 역사적으로 대학이 국가와 사회가 요구하는 시대적 소명에 적극 응답할 때 발전했던 사례들을 보이며 '다양성', '연결', '플랫폼'으로 설명이 가능한 오늘의 세계적인 혁신 대학들에 주목하라고 한다.

2부의 2장은 "팬데믹 이후 갑자기 시공간의 한계를 뛰어넘게 된 새로운 교육의 장은 어떻게 전개되는 것인가?"에 대한 답이다. 앞서 소개된 장상현 본부장과 오대영 교수와 배상훈 처장은 4차 산업혁명에 따른 인공지능과 빅 데이터, 팬데믹에 따른 온라인 교육의 갑작스러운 확대 등이 고등교육 생태계를 현재 어떻게 변화시키고 있으며, 앞으로 어떤 방향으로 진화하게 할 것인지에 대해 논한다. 산업구조와 고용구조가 크게 변하는 새 시대에 인공지능 전문가 양성과 더불어 일반인의 인공지능 활용 능력이 개인은 물론 국가 경쟁력을 위해 매우 중요한 요소임을 강조한다. 특히 인공지능과 빅 데이터 기반의 개인 맞춤형 학습을 통해 학생 성공의 길을 열어가야 함을 강조한다. 앞으로 온라인 학습 방식을 통해 전통적인 대학이 어떤 모습으로 다양하게 변화되어 가는지도 소개한다. 더불어 기존 대학들의 역할이 중요함을 확인하며 공유대학 개념 등 새로운 발전 방안도 제시한다.

2부의 3장은 "미래가 요구하는 새로운 인재를 성공적으로 양성할 수 있는 새로운 대학은 어떤 모습이어야 하는가?"에 대한 답이다. 오늘날 대전환의 시대에는 생각하는 방식과 일하는 방식을 모두 바꿔야 함을 강조하며 세계에는 이미 새로운 인재 양성을 위한 새로운 대학들이 나타나 개별 학생의 성공에 집중하면서 고등교육의 혁명을 이끌어가고 있음을 이야기한다. 그리고 세계적으로 인정받는 혁신 대학들의 특징과 공통점을 소개한다. 이제는 학위보다는 역량과 인성, 태도이며, 캠퍼스의 개념도 세계로 확대해야 한다. 미래의 좋은 일과 일자리를 위해서도 국가 인재를 넘어 세계 인재로 키워 글로벌 시장으로 내보내야 한다고 강조한다. 이러한 인재를 양성하려면 새로운 학습 생태계가 필요하므로, 새로운 대학을 설계하자고 제안한다. 동시에 대학, 기업, 정부, 언론이 협업으로 혁신해야 함을 요청한다.

작년 2월에 기획하며 시작한 책으로 그동안 주위의 여러분께서 도와주심에 감사드린다. 대한민국의 미래를 위해 귀한 추천사를 보내주신 김도연 전 교육과학기술부 장관과 염재호 전 고려대 총장께 감사드린다. 그리고 많은 애정과 수고로 이 책을 만들어주신 포르체 박영미 대표와 편집진께도 감사 인사를 드린다.

《미래의 인재, 대학의 미래》의 내용은 누구나 쉽게 읽을 수 있도록 디자인하고자 했으며, 우리 대학 사회는 물론 학생, 학부모 등 일반인들의 공감을 불러일으킬 수 있기를 기대하며 준비했다. 이를 통해 한국 사회가 함께 고등교육의 중요성을 이해하며 대학에 대한 관심 그리고 새로운 신뢰와 기대를 키우게 되기를 바란다. 한국 대학에게는 시대적 소명을 안고 교육기관으로서의 본질을 제대로 회복하는 계기가 되었으면 한다. 대학의 미래가 나라의 명운을 좌우한다는 점을 기억하며 사명감을 가지고, 미래 인재 육성에 대한 최적의 방향과 방안을 찾아가야 한다. 본 저서에서 제시하는 새로운 미래 대학은 우리나라는 물론 전 세계의 미래 고등교육을 선도하는 견인차이자 새로운 도전과 실험을 지속해나가는 출발점이 되기를 기대한다.

이를 통해 궁극적으로 우리 모두에게 국가의 미래 안위와 번영에 대한 새로운 희망을 불러일으키게 되기를 기대한다. 이는 대한민국 국민이 대전환의 시대에 세계 속에서 그 존재와 위상을 튼실하게 세우며 다음 세대를 넘어 대를 이어 행복한 삶을 영위하고 지켜가는 일이다.

2022년 3월

민경찬 (연세대 명예교수)

2장. AI 시대를 살아가는 미래형 인재

이광형, 장상현

1. AI와 한 팀으로 일하는 시대가 온다

2. 디지털 전환을 맞이하는 미래의 일잘러는 다르다

3. 새로운 꿈을 품고 새 시대에 뛰어들자

2부. 새로운 인재를 키워낼 미래의 대학

3장. 교육의 위기와 혁신의 방향성

배상훈, 오대영, 허준

1. 한국 고등교육의 위기와 현실

2. 세계 고등교육은 어떻게 혁신해왔을까

4장. 미래 인재를 기르는 새로운 교육의 장

배상훈, 오대영, 장상현

1. 이제 대학은 AI 융합 인재를 양성해야 한다

2. 배움에 한계가 없는 교육의 재창조

5장. 미래 인재들을 위한 새로운 대학

민경찬

1. 미래 시대는 새로운 인재, 새로운 대학을 요구한다

2. 학생의 성공에 집중하는 대학 혁명이 시작되었다

3. 미래의 변화에 대비하라

1부

새 시대를 맞이하는
미래의 인재

급변하는 세계 속
미래를 위한 새로운 도약

권오현

1. 한 걸음 앞서 나가는 인재가 맞이하는 미래

우리는 문명사의
대전환을 맞이하고 있다

21세기에 접어들어 전 세계는 인류 문명사의 대전환기를 맞이했다. 모든 나라와 사람들이 새로운 질서의 태동을 앞두고 몸살을 앓으며 혁신을 위한 몸부림을 치고 있다. 정치, 경제, 문화, 산업, 삶의 양식 등 전 분야에 걸쳐 세상이 바뀌고 있는 것이다. 그 가운데 우리 대한민국은 지금 어디쯤에 서 있는 것일까? 급변하는 세상의 물결에 몸을 가누지 못하고 떠밀려가는 게 아니라, 물길을 뚫고 당당하게 앞장서서 변화를 이끌어갈 준비가 되었는가?

20세기 대량생산 체제였던 산업구조는 21세기에 들어서서 소위 4차 산업혁명이라고 하는 획기적인 산업구조로 변화해가고 있다. 디지털 전환(Digital Transformation)이 인류 문명의 역사를 바꿔나가고, 디지털 정보의 팽창으로 인해 ICBM—IOT, Cloud, Big Data, Mobile—로 대변되는 새로운 산업이 폭발적으로 발전해가고 있다. 이에 따라 자연히 인간의 삶도 달라지게 될 것이다. 레이 커즈와일(Ray Kurzweil)은 이러한 기술 변화의 축적으로 2045년쯤에는 아예 새로운 인류가 탄생할 것이라고 예견하기도 했다. 유발 하라리(Yuval Harari)도 신과 같은 존재인 신인류의 탄생을 호모데우스(Homo Deus)로 규정하고 2050년경에는 이런 신인류가 등장한다고 보고 있다.

18세기 중반 영국에서 시작된 산업혁명 이후 인류는 지난 300년이 채 안 되는 시간 동안 기술혁신을 통해 인류의 삶을 근본적으로 바꿔왔다. 기술과 지식이 인간의 삶을 윤택하게 했고 과학적 실험을 통한 인류 지식의 증가는 기계문명을 획기적으로 변화시켰다. 이와 함께 인류는 산업혁명으로 가속화된 신흥 부르주아 계급의 등장과 신분제에 대한 저항과 함께 프랑스혁명 등을 통해 자유와 평등의 가치를 가진 시민권을 천부적권리로 인식하게 되었다. 이제 인류는 자연인으로서 생존하기보다는 시민으로서의 권리와 책임을 갖게 된 것이다.

대학은 이러한 인류의 기술 산업 발전과 문화 지식 발전에 공헌하며 함께해왔다. 연구를 통해 지식을 생산했고, 20세기 후반 대학 교육이 급속히 확대되면서는 귀족 계급뿐 아니라 대중에게 고등교육을 전파하는 지식 보편화에도 앞장섰다. 이 같은 고등교육의 확산은 산업의 발전을 가속화하고 저개발국가들이 경제성장을 하는 데 견인차 역할을 했다. 우리나라도 고속 성장의 산업화 과정에서 대학 교육의 역할은 부정하기 어렵다. 하지만 21세기에 들어서며 점차 대학의 사회적 기능이 상실되고 있다. 이와 더불어 인류 문명사의 대전환 과정에서 혁신하지 못하고 있다는 비판도 대두되고 있다. 21세기에 걸맞은 새로운 고등교육의 혁신과 대안이 필요하다는 것이다.

조선 시대부터 공부를 잘해야 출세할 수 있었기에 우리나라의 교육열은 유난히 높았다. 산업화 시대에 들어서도 여전히 뜨거운 교육열 덕분에 고도의 경제성장을 이룰 수 있었다. 교육을 통해 신분 상승부터 경제적 부까지 얻을 수 있는 시절을 거쳐 온 것이다. 하지만 지금까지 우리나라가 발전한 행보를 돌아보면 결국 선진 시스템의 모방 형태였다. 선진국에서 들여온 기술을 모방한 후 이를 조금 개선하여 열심히 달려오기만 한 셈이다. 하지만 과거와 달리 지금은 선진국 시스템의 개선만으로는 경쟁력을 확보하기 어렵다. 앞으로 어떤 가치를 지향해 나가야 하는지에 대한 새로운 고민이 필요하다. 우리의 상황도, 시대도 달라지고 있는데 아직도 맹목적인 교육열에만 열을 올리는 것은 이후의 발전에 도움이 되지 않는다.

더구나 세상이 매우 빠르게 변하고 있기 때문에 모방-개선(Copy-Improve) 단계를 거칠 만한 아이디어가 별로 남지 않았다. 이제 과정의 혁신(Process Innovation)은 한계에 도달했고 제품의 혁신(Product Innovation)을 하지 않으면 살아남기 어렵게 된 것이다.

새로운 혁신을 통해 성장하지 않으면 결국 제로섬게임에서 치열하게 싸울 수밖에 없다. 새로운 땅을 개척하기보다 서로 가진 기존의 땅을 빼앗는 데 그치는 것이기 때문이다. 이를 포지티브 섬 게임(Positive sum game)이 되게 하려면 새로운 패러다임을 생각해나가야 한다. 창조적인 세계를 개척할 수 있는 새로운 인재 개발이 필요하다.

인재를 키우는
새로운 공식이 필요하다

　아직까지도 우리나라는 정답을 맞히는 기술을 특화시키고 있다. 과거에 있던 지식을 빠르게 습득하고 정답을 먼저 발표하는 사람을 똑똑한 사람이라고 하며, 답을 틀리지 않고 빠르게 찾는 사람을 일 잘하는 사람이라고 한다.

　현재의 대학 입시는 이런 패러다임의 산물이기도 하다. 답을 틀리지 않는 인재들을 뽑고, 이를 위해 답을 틀리지 않게 하는 요령과 지식을 주입한다. 그래서 학생 대부분이 정답만 찾고 질문을 많이 하지 않는다. 질문을 하다 보면 틀리기 마련인데, 이를 실수라고 생각하고 배척하는 분위기가 형성되어 있는 것이다. 이처럼 기존의 것들을 답습하며 정답만 찾으려고 하는 것이 우리 교육의 현주소인데, 이것이 바로 우리나라를 네거티브 섬(Negative Sum)으로 이끌 수도 있다는 사실을 알아야 한다.

　우리나라의 기존 교육 패러다임은 주입식으로 이뤄지는 대량생산 시스템에 가까웠다. 그리고 지금도 사실상 우리나라의 학교, 기업, 국가조직 사회 전체 시스템은 산업화 시대의 대량생산 시스템에서 벗어나지 못하고 있다. 물론 이전까지는 각기 주어진 자리에서 주어진 일을 성실하게 마치는 것이 최고의 덕목이었다. 이러한 시스템은 역사적으로 유례없는 발전을 이뤄내는 데에도 큰 역할을 했다. 하지만 세상이 바뀌었다. 이제는 새로운 시대에 맞는 새로운 시스템을 도입해야 한다. 과거의 연장선상이 아닌 완전히 벗어나는 혁신이 필요하다는 뜻이다. 이전처럼 정해진 규칙대로 열심히 노력하는 인재만을 키워내는 공식으로는 미래형 인재를 길러낼 수 없다. 새로운 패러다임을 위해서는 새로운 것들을 찾고 질문하는 사람을 만들어내야 한다.

그렇다면 어떤 인재가 앞으로의 발전을 이끌어갈 수 있을까? 20세기에는 분업화의 효율성이 굉장히 높았다. 분업화는 매뉴얼대로 정확히 따라가기만 하면 일의 수행 능력을 상당히 높일 수 있는 시스템이었다. 하지만 이제는 오히려 규칙적으로만 하다 보면 똑같은 패턴에 빠질 수 있다. 이 경우 일본의 잃어버린 30년과 같은 맥락으로 흘러갈 수 있기에 조심해야 한다. 20세기의 대량생산 체제에서 효율적이었던 전문화와 분업화의 패러다임이 오히려 발전을 더디게 하는 원인이 될 수 있는 것이다. 전문성이 지나치게 분업화되어 있으면 문제를 종합적으로 보지 못하게 된다. 자신의 전문성만을 고집하다가 전체의 복잡성을 읽지 못해 일을 그르치는 경우도 많다.

하나의 전문성을 갖추는 것도 중요하지만 앞으로 등장할 인재들은 전체를 바라보는 눈을 가져야 한다. 의과대학만 해도 요즘은 세분화된 전문 영역보다는 협진을 통해 환자의 몸 상태를 종합적으로 판단하는 방향으로 바뀌고 있다. 하지만 아쉬운 것은 아직도 연구 협력의 시너지를 내는 부분에서는 취약하다는 점이다. 의과대학의 내부적인 능력치를 높이는 것뿐 아니라 공대나 정보대학 등과 협업하여 새로운 지식을 창출해냈으면 한다. 의학 연구는 의과대학에서만 이뤄지지 않는다. 요즘에는 공대 기계공학과 교수들도 30% 정도가 의학과 관련된 진단키트나 바이오 연구를 하고 있다. 따라서 자체적인 연구에 그치지 않고 다른 학문 분야와 협업한다면 더욱 새로운 발전을 기대할 수 있을 것이다.

전문 분야의 폭넓은 협업이 중요해지는 만큼 문과, 이과의 구분도 무의미해질 것이다. 미래에 중요한 컴퓨터 언어도 결국은 언어에 속한다. 미국의 경우 스탠퍼드대학교 학부 학생의 80%가량이 컴퓨터 언어를 배운다고 한다. 외국어를 필수로 배우는 것과 마찬가지로 전공 분야와 상관없이 컴퓨터 언어도 기본 능력으로 갖춰야 하는 것이다. 대학 입학 때 정한 전공은 그리 중요하지 않다. 입학 성적만 가지고 전공을 정하거나 과거에 인기 있었던 학과를 선택하는 건 미래의 관점에서 보면 어리석은 일이다. 전공의 바깥에 벽을 세우지 말고 원하는 공부를 폭넓게 해나갈 때 전문 분야를 이끌어나가는 미래형 전문가가 될 수 있으리라 생각한다.

21세기 인재는
최고가 되어야 한다

　예전 산업화 시대에는 일등부터 꼴등까지도 나름의 전문성을 가지고 있어서 모두 각자의 분야에서 일할 수 있었다. 하지만 이제는 최고가 되지 않으면 안 되는 시대다. 간단한 사무직은 이미 AI가 대체할 수 있기 때문에 특수한 분야에서 최고 전문가가 되어야 한다. 최고의 실력을 갖춘 전문가는 최고의 경제적 보상을 받을 테지만 그렇지 못한 적당한 전문가는 쉽게 다른 인력이나 AI에 의해 대체될 수밖에 없다. 그렇기에 자신이 좋아하고 잘할 수 있는 분야에서 최고의 전문가가 되는 것을 목표로 삼아야 하며, 동시에 인간만이 할 수 있는 일에 집중해야 한다.

　기존에 인간이 수행했던 단순 반복적인 일들은 오히려 인간보다 AI나 로봇이 효과적으로 잘 해낼 수 있다. 하지만 여전히 AI나 로봇이 대체할 수 없으며 인간만이 더 잘할 수 있는 일은 많다. 예를 들어 인간의 마음을 움직이는 감성과 관련한 일은 AI나 로봇이 할 수 없다. 더 나아가 단순한 분석이라면 프로그램을 통해 가능하지만 고도화된 분석이나 이를 통한 추론 능력은 아직도 인간의 능력으로 남아 있게 된다.

이보다 더욱 중요한 것은 상상력이다. 로봇이나 AI는 결코 인간의 상상력을 뛰어넘지 못한다. 상상력은 객관적으로 분석된 내용들을 조합하고, 기존 방식과 다르게 문제에 접근해보고, 서로 다른 영역의 개념들을 연결시켜 새로운 것을 창조해내는 것이기 때문에 AI나 로봇이 감당하기 어려운 인간 고유의 영역이다. 오히려 정해진 길을 벗어나고 다양한 분야를 융합하여 도달하는 뜻밖의 지점에서 인간들은 늘 새롭고 놀라운 발견들을 해왔다.

물론 산업화 과정에서 효율을 높이기 위해 전문 지식을 습득하고 열심히 일해온 우리가 갑자기 새롭고 창의적인 아이디어와 첨단기술을 만들어내는 것이 쉽지는 않을 것이다. 그래서 앞으로는 교육방식부터 바뀔 필요가 있는 것이다. 단순 지식이나 형식지 등을 일방적으로 가르칠 것이 아니라 호기심을 갖고 질문을 하고, 상상력을 발휘하여 새로운 문제를 해결하는 능력을 키워주는 교육이 중요하다. 그런 능력을 갖춘 인재가 사회에 이바지할 수 있다.

호기심과 상상력을 키우기 위해서는 정답에서 벗어나야

한다. 지적 능력을 높이고 토론을 통해 논리를 개발하는 훈련을 해야 한다. '이번 달 매출이 얼마인가?'와 같은 단답을 추출하는 질문이 아니라 '회사가 올해보다 내년에 2배 더 성장하려면 어떻게 해야 하는가?'처럼 계속해서 답을 찾을 수 있는 질문이 필요하다. 질문하는 방법과 사고하는 방법을 기르기 위해서는 엄청나게 많은 독서량도 필수적이다. 가장 쉽고 값싸게 지식을 습득하고 생각의 폭을 넓힐 수 있는 것이 독서인데 우리나라에서는 독서량이 점점 줄어들고 있다고 한다. 읽더라도 전공과 관련한 제한된 책만을 읽는다. 자신만의 상상력을 위해서는 다양한 방면의 책을 읽어서 지적 호기심을 키워야 한다. 책과 더불어 여행 등을 통해 새로운 세계를 경험하면서 다양한 자극을 받는 것도 상상력을 발휘하는 데 도움이 된다.

이제 대학은 생각도 없고 질문도 없이 주어진 일만 열심히 하는 화석화된 전문인을 키울 것이 아니라 문제의식을 갖고 호기심과 상상력으로 일을 할 수 있는 인재들을 키워내야 한다. 정형화된 지식을 평가하는 시험보다는 에세이 등 기말 논문이나 프로젝트를 통해 자신만의 생각을 발표할 수 있는 능력을 키워주는 것도 하나의 방법일 것이다.

21세기 사회는 지식만 가지고는 살아남기 어렵다. 지식을 토대로 자유롭게 상상하고 창의력을 발휘하여 나만이 할 수 있는 독자적인 영역으로 나아가야 한다. 더불어 남과 협력하는 방법,

배려하고 리드하는 법을 배워야 한다. 대학에 가서 전공 지식을 배우고 학점을 잘 받는 데 집중할 것이 아니라, 문제해결 능력을 갖추고 공감 능력을 배워야 사회에서 필요한 인재가 될 수 있다. 그것이 AI가 대체할 수 없는 그리고 인간이기에 할 수 있는 의미 있는 역할이기 때문이다.

2. 변화하는 인재에게
다가오는 미래

변화를
두려워해서는 안 된다

아직도 조선 시대 DNA가 우리의 사고를 지배하고 있다. 이를테면 우리 시대와 걸맞지 않은 사농공상의 이념이 여전히 공고하다. 선비, 농민, 공장, 상인 순으로 이뤄진 신분 계급을 오늘날에 적용하자면 '상'은 플랫폼이며 '공'은 제조업(Manufacturing)이라고 볼 수 있다. 오늘날의 사회에서는 과거 사농공상과 반대로 '상'과 '공'에서 경제적 가치 창출이 일어난다. 그런데 사회의 균형을 맞추고 가치 창출이 잘 일어나도록 조정해야 하는 '사'의 권력은 아직도 과거의 행동 방식에 머물러 있다. 더구나 새로운 것들을 찾는 역할이 '공'과 '상'에서 활발히 이뤄지는데도 사회 전체적으로 무의식중에 이를 경시하고 오해하는 풍조가 기저에 깔려 있다는 점도 발전이 더딘 이유가 아닌가 싶다.

젊은 세대가 안정적인 직장을 원하기도 하지만 회사에서도 이러한 보수적 사회 기조를 깨지 못하고 새로운 것을 적극적으로 시도하려 하지 않는다. 실패할 경우 페널티가 크다고 생각하기 때문인데, 대기업은 특히 그렇다. 사실 대기업도 거버넌스를 획기적으로 바꿀 필요가 있다. 대기업 오너가 사소한 것까지는 아니더라도 운영의 일정 부분까지 지시하는 경우가 많다. 그렇게 되면 CEO가 자신이 시도하고 싶은 것이 있더라도 하기 힘들다. 이러한 전통적인 거버넌스 시스템보다 정말 유능한 사장을 뽑은 뒤 결과에 대해서는 철저하게 책임을 묻는 형식이 훨씬 낫지 않을까? 베낄 것이 남아 있던 예전에는 오너가 간섭하는 시스템이 맞았을지 몰라도, 새로운 것을 만들어야 하는 현재의 상황에는 적합하지 않다. 맞지 않는 시스템을 유지하고 적용하려 하면 당연히 발전을 이루기 어렵다.

비슷한 맥락으로 학교에서도 주입식 교육보다는 스스로 생각하는 힘을 기를 수 있는 강의를 만들어가야 한다. 현재 우리나라의 인재들은 능동적으로 개척하거나 스스로 찾아서 공부하는 능력이 부족하다. 고등학교의 공부와 박사과정의 공부는 그 방법이 아예 다른데, 이미 정해진 방식의 주입식 공부에 머물러 있다 보니 그 틀을 깨기가 어렵다. 우리나라 인재들은 시키는 것은 매우 잘하지만 스스로 찾아서 하는 힘은 약하다.

게다가 공부할 때의 기준도 당장 상대편을 이기는 데에 집중되어 있다 보니, 본인의 분야에서 대체 불가능한 전문가가 되겠다는 목표보다 내 옆자리 경쟁자보다 1점이라도 더 받는 것을 목표로 노력하는 경우가 많다. 높은 비약을 하고자 하는 것도 아니고 경쟁자보다 조금만 더 잘하면 되고 그것에 안주하려는 경향이 있다. 실리콘밸리가 발전하는 이유는 전 세계의 인재들이 서로를 의식하는 경쟁을 해서가 아니라, 자신의 분야에서 최고가 되기 위한 경쟁력을 갖춰나가기 때문이 아닐까?

새로운 시대에 적응하기 위해서는 가정, 학교, 사회 전반의 변화가 필요한데 아직은 대부분의 사람이 변화를 겁낸다. 변화를 추진하다가 사고가 발생하면 고치면 되는데, 실수 자체를 두려워하고 늘 정답을 맞히려고만 한다. 그러다 보면 다양성을 추구하지 못하고 폐쇄적인 사회가 된다. 실제로 외국인들을 잘 받아들이지 못해서 외국인들이 살기 어려운 나라이기도 하다.

이처럼 폐쇄적인 사회에서는 혁신적인 아이디어가 나올 수 없다. 실패해도 되고 혹여 잘못된 길에 접어들어도 좋다. 변화의 시도를 통해서 우리는 분명히 더 나은 길을 찾아낼 수 있기 때문이다.

이제는 스펙이
실력을 말해주지 않는다

과거에는 대학교를 졸업하면 배운 것을 40년 넘게 써먹을 수 있었지만, 이제는 20년만 지나도 급변하는 사회에는 적용할 수 없는 낡은 것이 되어버린다. 대학에서 공부하는 학생들이 궁극적으로 사회에 나왔을 때 살아가기가 점점 어려워지는 것이다. 앞으로 대학에서 어떤 변화를 추구하여 새로운 시대의 인재를 길러낼 수 있을지, 또 기업에서도 필요한 인재를 어떻게 효과적으로 공급할 것인지를 고민해야 할 시점이다.

아직도 우리나라에서는 신입 사원을 채용할 때 스펙을 봐야 한다고 생각하는 경우가 많다. 앞으로는 기업의 채용 방식부터 바꿔야 할 것이다. 우수한 능력을 가진 것으로 평가되는 명문대학 출신들을 모아 놓는 것이 꼭 훌륭한 성과로 이어지는 것은 아니다. 오히려 다양한 대학 출신 가운데 자기 전공에서 석차가 높은 학생들을 채용하는 것이 더 효과적일 수 있다. 예를 들어

서울대학교 출신들만을 채용하면 경쟁에 밀렸을 때 비슷한 수준의 학생들이라고 생각하기 때문에 그 안에서 안주하고 체제 순응적이 될 가능성이 높다.

스펙이 꼭 실력을 증명하는 것도 아니다. 예를 들면 삼성이 채용하는 GSAT는 개개인의 가치를 잰다고는 하지만, 실제로 업무 성과와의 상관성은 높지 않다. 되레 GSAT 대비 학원이 생기고 이를 준비하는 시험 요령만 습득하는 경우도 생긴다. 이는 결국 사회비용의 일환이 되어버려 취업준비생들의 경제적 부담만 가중시킨다. 사실상 구시대 시스템의 연장선상임에도 채용에 있어서 공정성을 확보한다는 명분 때문에 이를 아무도 깨지 못하고 있다. 하지만 이러한 구습은 반드시 깨야 한다.

실제로 벤처기업만 보더라도 소위 명문대학교 졸업자가 그렇게 많지 않다. 게임회사는 당시 소프트웨어를 배울 환경이 명문대학을 제외하고는 많지 않았기 때문에 예외라고 볼 수 있지만, 그 외의 대부분 성공한 벤처기업들의 창업자들은 명문대학 졸업자가 아니다. 아이디어를 가지고 간절하게 창업을 했기에 배달의민족, 야놀자 같은 플랫폼들이 성공할 수 있었던 것이다. 실력 못지않게 중요한 것이 인성이고, 인성은 면접을 비롯한 다양한 평가를 통해 확인되어야 한다. 회사도 다양성이 있어야 한다. SKY를 좋아하는 경향은 구시대의 유물이다.

대기업의 위기는 아직도 학벌이 높을수록 그들을 성실한 사람이라 생각하고 채용하는 데에서 온다. 네이버, 카카오, 배달의민족, 토스, 야놀자 등 데이터나 플랫폼 비즈니스 회사들은 학벌과 무관하게 예전과 비교할 수 없는 발전을 이룩했다. 그러다 보니 많은 대학 졸업자의 시선도 이러한 회사들을 향하고 있다. 현실적인 부분에서는 대기업과 비교했을 때 같은 시간 대비 더 높은 직급까지 다다를 수 있다는 점도 한몫한다. 이처럼 벤처기업들의 채용 과정이 변하면서 요즘에는 단순히 대학 출신이나 스펙이 말해줄 수 없는 가치 창출 능력에 더욱 집중하게 되었다.

내가 상무 시절에 정말 능력 있던 사원이 있었다. 알고 보니 포항에 있는 한동대학교 출신이었다. 한동대 학생들이 회사에 들어와 트레이닝을 받으니 매우 좋은 실적을 내고 똑똑하게 일처리를 했다. 대학에서 동아리처럼 교수 대 학생으로 맨투맨 교육을 했기 때문에 훈련이 잘된 것이다. 그러나 대부분의 대규모 대학들은 맨투맨 코칭이 힘든 게 사실이다. 그래서 학생들을 방목하고 본인이 스스로 잘할 것이라고 내버려 두는 경우가 많은데, 대학의 역할이 거기에서 그친다면 앞으로는 대학의 존재 의미가 점점 사라지게 될 것이다. 성장을 돕는 것이 아닌 지식 전달의 기능이라면 이미 대학이 아니어도 구글이나 유튜브가 충분히 대체하고 있기 때문이다. 21세기에 들어서면서 모든 대학은 획기적으로 바뀌어야만 한다. 그러기 위해 누가 넛지 효과를 주는지가 중요한데, 기업의 채용 방식부터 획기적으로 바꾸면 5년 지나 효과가 날 것이라고 본다.

오랫동안 이어온 방식을 바꾸는 것이 쉽지는 않겠지만 일단 변화가 시작되면 그 흐름에도 가속도가 붙을 것이다. 비근한 예로 이건희 회장이 예전에 삼성병원 장례식장을 크게 바꾼 적이 있다. 옛날의 우중충한 분위기의 장례식장을 당시에는 조금은 특이하다고 할 수 있는 모습으로 바꾸었다. 처음엔 모두가 어색해 했지만 지금은 모든 장례식장이 비슷한 모습으로 변화했다. 이와 같이 미래의 새로운 모델을 하나 제시하면 새로운 국면에 접어들 수 있다. 공채는 버리고 면접을 보아야 한다. 소프트웨어 개발자는 문제 풀이 능력, 프로젝트 제작 능력을 보고 채용하는 것이 합리적이다. 실질적으로 채용에 있어 학벌은 의미가 없다.

그렇다면 취업을 대비하는 인재들은 스펙 대신 어떤 능력을 준비해야 할까? 전공과목을 외워서 기업에 들어와 활용하는 시대는 지나갔기 때문에, 이제 새로운 것을 배우고 공부하는 기초 체력을 갖춰야 한다. 그런 점에서 앞으로는 평생 교육도 중요해질 것으로 본다. 갓 고등학교 졸업하는 학생들만이 대학을 가는 모델은 인구가 많을 때에는 합리적이지만 인구가 급감하는 현재 시기에는 적합하지 않다. 회사에서도 마흔 살인 신입 사원을 뽑아야 하는 것처럼 재교육이 가능한 시스템을 만들어야 한다.

젊은 학생이든 나이 든 학생이든 미래 사회에 적응하기 위해서는 계속해서 필요한 걸 배우고 발전시켜야 할 것이다. 스스로 개척하고 진취적으로 문제를 풀어가려는 사고방식의 개선이 필요하다.

미래 기업에서 필요로 하는
인재와 리더

　우리는 짧은 기간 동안 다방면의 변화를 필수적으로 받아들여야만 하는 상황에 놓여 있다. 미래에 걸맞은 인재를 길러내는 동시에 그러한 인재들을 수용할 수 있는 기업 문화와 리더의 역할도 다시금 돌아봐야 한다. 최종적으로 기업과 사회에서 변화하는 인재들에게 동기를 부여하고 지원하고 활용하지 못한다면 계속해서 과거에 고착되어 있을 수밖에 없다.

　기업에서 리더의 역할은 정말 중요하다. 그런데 많은 창업자가 고집이 세서, 자기가 성공한 프레임에서 벗어나지 못하고 더 성장할 수 있는 여지를 차단하는 것이 아쉬울 때가 많다. 나비가 되어야 하는데 큰 애벌레가 되려고 한다. 경영자와 리더의 역할은 마치 자식이 나보다 잘되길 바라는 부모의 마음으로 회사를 성장시키는 것이다. 그러려면 기득권 마인드부터 고쳐야 한다. 그 기업의 정점에 있는 사람이 어떤 생각을 가지고 있느

나에 따라 조직이 바뀐다. 리더의 역량이 부족하다면 아래에 있는 사람들은 뛰어난 인재여도 일만 열심히 하는 일벌레가 될 수밖에 없다. 우리나라의 많은 기업이 실제로 이러한 모습이다.

훌륭한 인재가 있어도 관리자들이 제대로 활용하지 못하면 시너지가 날 수 없다. 많은 경우 관리자들은 자신의 경험에 비춰 부하 직원이 정형화된 일을 열심히 하기만을 기대한다. 새로운 문제를 새로운 방식으로 풀어내려 하지 않고, 관료제를 기반으로 한 조직 문화를 관철하고만 있는 것이다.

한 사례로 반도체 공장을 운영하는 제조업의 경우는 3교대로 8시간씩 근무를 한다. 반도체 공정은 24시간 돌아가야 하는데 만약의 경우 기계에 이상이 생겨 공정이 멈추면 심각한 문제가 되기 때문에 주야를 가리지 않고 같은 인력의 직원들이 동일하게 근무하는 것이다. 어찌 보면 당연할 수도 있지만 야간 근무 차례가 돌아오면 보통 더 힘들어 한다. 그런데 문제를 조금 다른 각도에서 보면 이처럼 동일한 인력이 힘들게 야간 근무를 할 필요가 없다. 당시 나는 기계 설비를 담당하는 팀장급 임원을 대폭 줄이고, 야간에는 비상 인력만 남기는 식으로 야간 근무 3교대 시스템을 바꾸었다. 그리고 문제가 일어날 것을 대비하여 야간 근무 할 것이 아니라 문제가 일어나지 않게 주간에 사전 점검을 철저히 하는 것이 더욱 중요하다고 강조했다.

반도체 제조 공정보다 훨씬 복잡하고 문제가 발생하면 더욱 위험한 항공기의 경우에도 문제가 발생한 다음 수리를 하는 것이 아니라 철저한 사전 점검과 유지 보수를 통해 문제 발생을 미리 차단한다. 이처럼 사전 점검이나 모니터링과 유지 보수를 철저하게 하면 문제가 일어날 것을 대비해서 야근을 할 필요는 없어진다. 과거의 관행을 고집하면서 일상 업무에 변화를 주지 않으면 조직의 효율성은 떨어질 수밖에 없기 때문에, 때로는 합리적인 새로운 결정을 해야만 한다.

정형화된 방식에서 벗어나 문제를 해결했던 또 다른 사례도 있다. 반도체를 생산하는 과정에서 수증기가 발생하는데, 인체에 해롭거나 유해가스가 포함된 것은 아니지만 주변 아파트 주민들이 이 수증기에 대해 끊임없이 문제를 제기하고 항의를 해왔다. 특히 추운 겨울이면 수증기가 눈에 띄게 많이 보이곤 한다. 이를 해결하기 위해서는 많은 비용을 들여 무게가 엄청나게 많이 나가는 수증기 제어장치를 공정설비 위에 설치해야 하는데 간단한 일이 아니었다. 그런데 공대 출신의 한 직원이 자신이 문제를 풀어보겠다고 하여 믿고 맡겼더니, 간단한 방법으로 수증기를 제어하는 장치를 만들어냈다. 이후 반도체 공정 라인을 신축할 때는 이 시스템을 함께 장착하도록 했다. 무조건 안 된다고 생각할 것이 아니라 구성원 중에 문제를 해결할 수 있는 직원이 있을 때 그를 적극 후원하는 것도 뜻밖의 돌파구를 찾아내는 방법이 될 수 있다. 물론 이처럼 성공한 경우에는 철저하게 보상하여 직원들이 자발적으로 조직의 문제를 푸는 데 동참할 수 있게 해야 할 것이다.

기존에는 열심히, 오래 일하는 것을 잘하는 것으로 생각했다. 사실 컴퓨터에서 부가가치를 만들어내는 가장 중요한 부품은 CPU인데, 시간상 가장 열심히 일하는 주변 기기인 마우스와 키보드를 기준으로 평가를 해온 것이나 다름없다. 일하는 본질에서 벗어나지 않으려면 리더의 열려 있는 사고가 중요하다. 개미처럼 바삐 움직이는 것 자체보다 CPU가 만들어내는 부가가치에 집중해야 한다.

21세기 대전환의 시기에 우리는 계속해서 더 나은 새로운 방식으로 나아가려는 노력을 해야 한다. 미래의 인재는 새로운 발전과 혁신을 위한 노력이 필요하고, 새로운 인재와 일해야 하는 기업과 사회에서도 과감한 변화를 두려워 말고 시도해야 한다. 가장 바람직한 것은 학교, 사회, 기업 모든 부분에서 동시다발적으로 혁신이 일어나는 것이다. 대부분의 지도자가 기득권이 확보된 후에는 혁신적인 태도보다 위험을 감수하지 않으려는 태도를 보이는데, 이것은 우리가 나아가는 데 있어 큰 문제점이 아닐 수 없다. 각 조직의 장들이 두려움 없이 혁신을 주도해나가야 한다. 우리가 지금 어디에 서 있는지 냉철히 분석하고, 이를 견인해갈 미래의 인재와 미래의 대학은 어디로 나아가고 있는지 깊이 고민하며 미래를 위한 준비를 시작해야 할 때다.

AI 시대를 살아가는
미래형 인재

이광형, 장상현

1. AI와 한 팀으로
일하는 시대가 온다

인간과 AI가
공존하는 시대

2017년 중국에서 역사적인 복식 바둑 시합이 있었다. 2인씩 편을 나눠 시합을 했는데, A팀은 구리 9단과 알파고, B팀은 렌샤오 8단과 알파고가 한 편이었다. 양 팀의 알파고는 동일한 프로그램이었기에 많은 사람이 9단이 있는 A팀의 승리를 예측했다. 그러나 뜻밖에도 결과는 B팀의 승리였다. 놀라운 결과였지만 생각해보면 이해가 가는 일이다. 단체로 하는 일은 개인기도 중요하겠지만 무엇보다 파트너와의 호흡이 중요하다. 개인의 실력보다는 인간과 AI의 호흡이 얼마나 잘 맞는지가 게임의 승패를 결정한 것이다.

이미 인공지능(AI) 시대는 열렸고, 산업화 이후 디지털 시대로 나아가는 과정에서 매우 빠르고 다양한 변화가 일어나고 있다. 2045년경에는 인간과 비슷한 수준의 지능을 가진 AI도 나타날 것이라 예측되는데, 그 시기를 '특이점(Singularity)'이라고 부른다.

AI의 급속한 발전과 함께 30년 안에 이러한 시대가 도래한다면 만물의 영장으로 군림하던 인간의 위상에도 변화가 생길 것이다.

수백만 년 동안 인간은 지구상의 모든 경쟁자를 물리치고 최종 정복자가 되었다. 호모사피엔스와 경쟁하던 네안데르탈인과 데니소바인들을 물리쳤고, 야생에서 인간을 위협하던 맹수조차 동물원에 가두게 되었다. 당시 인간에게 가장 중요한 것은 생존의 문제였다. 1만여 년 전까지 인간은 생존을 위해 사냥을 하고 농사를 지으며 살아갔고, 필요한 경우 인간끼리 서로를 죽이기도 했다.

그 이후 약 6000년 전부터 도시가 형성되었고, 사람들이 모여 살며 '인간 사이의 공존'에 대한 문제가 떠올랐다. 2500년 전부터 인간들이 모여 '어떻게 살아야 하나'를 고민하는 과정에서는 공자, 석가모니, 소크라테스, 조로아스터가 등장하고, 사랑과 협조가 종교화되어 기독교, 불교 등이 생겼으며, 고대 그리스에서는 철학으로 발전되어 인간 중심의 사상이 출현했다. 그후 유럽의 중세 시대를 거쳐 르네상스 시대를 만나면서 인간 중심의 휴머니즘 사회가 자리 잡게 되었다. 휴머니즘이란 바꿔 말하면, 지구상의 가장 유능한 존재인 인간만을 위한 배타적인 사상이라 할 수 있다. 인간이 앞으로 지금까지처럼 만물의 영장으로서 지위를 유지하기 위해서는 휴머니즘 인본주의 시대를 어떻게 유지, 발전시키느냐가 중요한 과제가 될 것이다.

그러나 더 이상 인간들끼리의 협력과 발전만으로는 나아갈 수 없는 세상이 오고 있다. 이미 우리 앞에는 메타버스의 세상이 전개되는 중이다. 메타버스는 현실과 가상 세계의 구분 없이 두 세상이 통합되는 개념을 말한다. 디지털 혁명에 의해서 우리는 현실뿐만 아니라 사이버 세상에서 생활하는 시간이 늘어나고 있다. SNS를 통하여 소통하고 게임 속의 세계에서 웃고 울고 하는 것이 바로 가상 속의 생활이다. 이러한 가상 세상의 비율이 갈수록 늘어나서, 이제 우리의 의식 속에 현실과 가상의 경계도 모호해지고 있다. 이미 컴퓨터 게임을 즐기는 10대 어린이들은 〈고향의 봄〉이라는 노래를 들으면 게임 속의 놀이터를 떠올릴 것이다. 딱지치기, 구슬치기, 고무줄놀이를 하던 골목길은 그들에게는 고향의 모습이 아니다.

21세기 중반에 접어드는 30년 후에는 인간과 비슷한, 어쩌면 인간보다 훨씬 뛰어난 '인공지능 물체'가 나타날 것이다. 호모 사피엔스가 경쟁자를 모두 없애고 살아남았던 것처럼 우리도 AI를 없애야 하는 것이 아닌가 생각할 수도 있겠지만 그렇지는 않다. 그리고 그럴 수도 없다. 물론 초기에는 인간과 인공지능의 경쟁이 필연적으로 일어나겠지만, 이미 AI는 우리 인간 생활에 없어서는 안 되는 존재가 되어가고 있다. 30년쯤 후에는 일부 부작용에도 불구하고 절대 떨쳐버리기 어려운 존재가 되어 있을 것이다. 결국 새로운 규범 질서 사상을 확립하게 될 것이고, 인간과 AI의 공존 시대가 열릴 것으로 예상된다. 현재는 인간 사이의 협력이 중요하지만, 그때가 되면 AI와의 경쟁보다는 인간과 AI의 협력이 중요해질 것이다. 인간이 혼자 일을 잘하는 것보다 어떻게 AI와 훌륭한 팀워크를 이루느냐가 핵심이 되는 시대가 오는 것이다. AI를 잘 이해하고 협력하는 사람이 결국 업무에서 성과를 내고 리더로 인정받아 성장할 수 있다.

미래에 다가올 중요한 변화에 대한 또 하나의 이슈가 있다. 유전자 편집에 의한 신체 변화다. 내 자식에게 좋지 않은 유전자를 물려주고 싶은 부모는 없을 것이다. 유전자 편집 기술로 유전병이나 신체적 결함을 고쳐서 건강하고 아름다운 자식을 낳을 수 있다면 그 누가 마다하겠는가! 지금은 윤리적이고 정치적인 이슈로 실행하지 못하고 있지만, 계속해서 이 기술이 발전하면 50년 후에는 지금과는 전혀 다른 세상이 펼쳐지지 않을까? 이미 중국이 이 기술을 발전시키고 있는 것을 봐도 우리의 미래를 상상해 볼 수 있다. 우리는 유전자 기술로 탄생하는 새로운 '인간'과도 공존해야 할 것이다.

즉 인간은 앞으로 새로운 '인류'들과 공존해야 한다. AI, 유전자 가위로 편집된 인간과 공존하는 새로운 이데올로기가 필요하다. AI가 더 잘할 수 있는 분야를 침범하기보다는 인간이 잘하는 것을 찾고 그에 맞는 역할을 수행해야 한다. AI의 단점을 보완해서 함께 협동하는 사람이 좋은 성과를 내고 리더가 되어 사회를 움직일 것이다. 결국 새로운 변화를 수용하고 AI, 유전자 기술 등과 조화를 이루며 휴머니즘 사회를 유지·발전시킬 수 있는 인간이 미래를 이끌어가는 새로운 인재가 될 것이다.

미래 인재가
AI 시대를 준비하는 이유

　아직은 인간과 AI가 긴밀하게 공존하는 시대가 눈앞에 펼쳐지지 않았다. 먼 미래에는 인공지능도 창의력을 갖출 정도로 인간과 가깝게 능력이 발달할 테지만, 우리가 살고 있는 가까운 미래에 일어날 일은 아닐 것이다. 그렇다면 앞으로 다가올 시대를 준비하며 우리가 이 사회를 계속해서 주도적으로 이끌어가는 것이 중요하다. 템포를 놓치는 순간 오히려 끌려가게 될 수 있다. 지금까지 경험하지 못했던 새로운 세상에서는 인간의 차별화된 창의력과 통합 조정 능력이 더욱 돋보이게 될 것이다. 새로운 생각과 꿈을 지니고, 새로운 것을 개발하고 연구함으로써 창의성을 발굴해내야 한다.

　AI와의 공존을 준비하는 것은 결국 우리가 인간으로서 만족스러운 삶을 꾸려나가기 위한 길이기도 하다. 궁극적으로 인간이 추구하는 삶의 목적은 행복이다. 행복은 어디에서 오는가?

인간의 본성에는 경쟁심과 질투심이 강하게 자리 잡고 있으며, 인간 행동의 매우 큰 부분도 이 특성의 지배를 받고 있다고 본다. 인간은 본질적으로 경쟁하며, 앞서고 뒤처지고, 어느 정도 포기하고 체념하고 평안함을 느끼면서 만족하며 살아간다. 그렇게 주위 사람과 공존하면서 어느 정도는 비교 우위를 가질 때 행복감을 느끼는 것이다. 물론 현재에 만족하며 행복하게 살아갈 수도 있지만, 처음부터 아예 경쟁을 하지 않고 시기심과 질투심 등을 모두 극복하고 사는 삶은 상상하기 어렵다. 경제, 외교, 국방, 기술도 마찬가지로 뒤처지면 행복할 수 없다. 우리가 일본에 나라를 빼앗겼던 것도 사실 진정한 원인을 찾아보면 우리가 약했기 때문이다. 일본이 아닌 다른 나라에 빼앗겼을 수도 있는 것이다.

결과적으로 다가오는 세상에서 뒤로 밀려나지 않으려면 시대에 걸맞은 경쟁력을 갖추고 뛰어난 역량을 지녀야 한다. 그래야 세상과 조화를 이루고 공존하며 궁극적으로 행복해질 수 있다. 이러한 경쟁력을 갖추는 데 앞으로 놓쳐서는 안 되는 부분이 AI를 비롯한 새로운 기술들이다. 공학 전문가든 그렇시 않든 자신의 전공 분야와 상관없이 일상의 변화를 겪게 될 것이고, 우리는 이를 미리 준비하고 대비해야 한다. 본질적인 행복의 기본 원리를 이해하는 사람이 바로 미래를 이끌어갈 인재상이며 글로벌 창의 인재라고 할 수 있다. 바로 눈앞의 상황만 보는 것이 아니라 멀리 보고 복합적으로 사고할 줄 알아야 한다. 가을에 사과를 딸 생각만 하는 근시안적인 사람은 사과가 어떻게 열리는지를 생각하지 않는다. 가을이 오기 전까지 긴 겨울과 봄, 여름을 어떻게 나고 무엇을 해야 하는지 아는 사람이어야 비로소 탐스럽게 열린 사과를 딸 수 있다.

AI 기술을 활용하는
훈련이 필요하다

오늘날 데이터(정보)는 미국의 서부 개척 시대에 기름(Oil)을 보유하는 것만큼 부와 권력을 얻게 한다. 모바일 뱅킹을 하는 사람은 직접 은행에 가는 사람에 비해 많은 시간을 절약할 수 있고, 아침마다 AI 스피커에게서 날씨 정보를 듣는 사람은 날씨 정보를 얻고자 인터넷에 접속하는 사람에 비해 바쁜 아침 시간을 효율적으로 사용할 수 있다.

보다 빠르고 정확한 정보를 얻는 사람이 그렇지 않은 사람에 비해 문제를 해결하는 확률이 높아질 것이다. AI 기술을 사용하면 모든 선택을 위한 판단에 최적의 도움을 받을 수 있다. 물론 최종적인 선택은 사람이 하겠지만 과정의 효율성을 월등하게 높일 수 있는 것이다. 따라서 사소한 날씨 정보를 얻어오는 것부터 자신의 인생 목표를 설정하는 과정에 이르기까지 AI 기술을 활용하는 훈련이 필요할 수밖에 없다.

2006년에 아이폰이 보급되었다. 즉 개인 단말기(BYOD)[1]로 학업을 시작한 아이들은 이미 대학생이 되었다. 실제로 미국의 세인트루이스대학에서는 아마존의 AI 음성 스피커 알렉사가 교수님과 미팅 및 강의시간표, 도서관 개방 시간 및 대출 정보, 학교 주변의 생활 정보 등을 전해준다. 이처럼 개인 단말기 사용에 익숙한 앞으로의 세대는 교육의 디지털 전환 역시 새삼스럽지 않은 문제일 것이다. 말할 것도 없이 미래 인재들에게 디지털 문해력을 갖추는 것은 가장 필수적이고도 기본적인 역량이다. 복잡하고 급변하는 사회에 발생하는 문제를 해결하는 능력을 함양하기 위한 핵심적인 수단이기 때문이다.

에듀테크를 활용하며 교육 현장도 달라지고 있다. 획일적인 주입식 교육에서 벗어나 AI를 활용하여 개별화된 맞춤형 수업이 진행되고 있으며, 다양한 데이터를 활용하여 학습 효율을 올리고 있다. 미래를 위한 필수 역량들을 끌어올리는 교육의 필요성이 높아지고 있는 것이다. 우리나라도 2015년 초·중등학교 교육과정 개정에서 SW(소프트웨어) 교육이 의무화되었다. 또한 2022 교육과정 개정을 위한 국민 참여 설문 조사에서도 '인공지능·소프트웨어 교육(9.0%)'이 상위 순위로 높게 나타나 기본 역량으로 인공지능 교육의 필요성이 더욱 증대되고 있다. 더욱

1 BYOD: Bring Your Own Device

이 4차 산업혁명으로 발생하는 초연결, 초지능, 초실감의 특징을 반영한 교육 서비스의 등장은 지금까지보다 정보 접근의 격차를 더 벌릴 것이고, 이를 통한 불평등이 확대되어 승자 독식(Winner takes All) 현상이 가속화될 가능성이 높다. AI 스피커와 같은 최소한의 AI 교육 서비스를 어려서부터 사용하여 일상에서 정보를 빠르게 획득하는 학생과 그렇지 못한 학생 간 생산성과 효능감은 상당한 격차가 발생할 것이다. AI를 활용하는 훈련은 미래를 대비하는 데 있어 가장 필수적인 준비 중 하나라고 볼 수밖에 없다.

인공지능과 협력하기 위해
필요한 역량

 인공지능은 방대한 양의 데이터를 학습하고 분석하며, 복잡한 행동과 패턴을 예측하고, 변화하는 데이터를 지속적으로 학습하고 적응한다. 현실적으로 우리가 문제를 해결하는 방식과 심지어 비용 효과에 있어서도 엄청난 영향을 미치게 될 것이라는 의미다.

 이미 많은 기업이 인공지능을 바탕으로 사업 모델을 조정하고 인력을 새로이 배치해가고 있다. 하지만 인공지능이 비즈니스의 핵심이 된다고 해도 인간이 빠져서는 안 된다. 인공지능과 디지털 기술이 발전하면 지금까지 해결하지 못했던 문제들을 해결할 수 있는 새로운 길이 펼쳐질 수도 있겠지만, 그만큼 인간으로서 인공지능을 이해하고 그에 따라 의사결정을 하거나 방향성을 정립해 나가는 다방면의 능력도 중요해진다. 인간의 판단과 경험이 뒷받침되어야 인공지능을 효과적으로 활용할 수 있다. 따라서 인간과 인공지능의 협력과 통합을 위한 새로운 사고방식과 프로세스를 갖추는 것이 필요하다.

실제로 4차 산업혁명 시대의 주역이 될 AI 융합 인재에게 요구되는 역량은 매우 광범위하다. 한국대학교육협의회에서는 AI 산업계를 대상으로 산업계 종사자들이 분야별 직무를 수행하는 데 필요한 역량을 정의하고, 이를 함양하기 위한 교과목을 도출하는 요구 분석을 진행한 바 있다. 전문 직무 역량에서는 인공지능 핵심 기술에 대한 이해를 바탕으로 머신러닝, 데이터, 프로그래밍, AI 응용 소프트웨어, AI 비즈니스, 인지 및 지식 추론 등 매우 폭넓은 전공실무 능력이 요구되었다. 일반 직무 역량에서는 문제해결 능력, 기술 능력, 정보 능력, 의사소통 능력, 직업윤리의 중요성이 강조되었다.

앞으로 인공지능과 한 팀을 이뤄 일하게 될 미래의 인재들이 갖춰야 하는 역량은 폭넓고 다양하다. 그리고 이에 앞서 가장 기본이자 밑바탕이 될 만한 능력으로서 지식 문해력, 협동성 그리고 창의성을 갖춰야 한다는 점을 당부해두고 싶다.

다양하고 폭넓은 지식 창출 능력

지금까지는 지식형 인재가 성공할 수 있었다. 그러나 이제는 같은 시공간에서 수업을 듣는 교육을 통해 지식을 쌓아가는 것이 아니라, 인터넷만 들어가도 쏟아져 나오는 무한한 지식을 적절히 선택하고 사용할 줄 아는 능력이 더욱 중요하다. 지식 보유량은 인간이 결코 인공지능을 따라갈 수 없다. 전문성도 중요하지만 자신의 전문 분야 이외에도 다양한 정보를 폭넓게 이해하고 활용하며 필요한 지식을 새롭게 창출할 줄 아는 능력이 결과적으로 그 사람의 지식수준으로 연결될 것이다.

인간과 기계의 협동

미래의 협동심은 인간과 인간뿐만 아니라, 인간과 기계 간의 협동까지 포함한다. 기계와 협동하기 위해서는 인공지능을 이해해야 한다. 이 말은 곧 컴퓨팅 방식의 사고를 이해하는 것, 다시 말해 프로그램의 작동 방식을 이해하는 것이다. 결국 프로그램을 할 줄 아는 사람이 미래 협동력에 있어 유리해질 수밖에 없다. 이를테면 내비게이션이 수많은 정보를 받아들여 경로를 제공해줬다면, 내비게이션이 그러한 결론을 내린 과정과 시스템을 이해하고 신뢰해야 한다. 그 이후 그중에서 필요한 요소를 선택하여 내가 원하는 결과에 도달하도록 맞춰나가야 한다. 인간의 의지에 따라 최선의 선택을 내리는 과정은 서로에 대해 학습하고 이해하며 협동해나가는 데서 오는 것이다.

성공적인 리더가 되기 위한 창의성

창의성은 여전히 중요한 역량 중의 하나다. 창의성은 호기심에서 시작하고, 호기심은 오래전부터 인류 발달의 가장 큰 원동력이었다. 호기심은 어떤 의미에선 모든 역량을 압도할 수 있는 능력 중의 하나다. 미래 사회에서 성공적인 리더가 되기 위해서는 호기심을 바탕으로 인간을 이해하고 또 인공지능을 이해하는 능력이 반드시 필요할 것이다.

2. 디지털 전환을 맞이하는 미래의 일잘러는 다르다

팬데믹 이후
교육의 디지털 전환

　예상치 못하게 들이닥친 COVID-19가 장기화되면서 우리 사회에 수많은 변화를 안겼다. 2000년대 초반 인터넷 강의가 등장한 이후에도 에듀테크 산업은 보조적으로 활용될 뿐 전면적인 변화를 이끌어내진 못했는데, 팬데믹 이후로 점차 비대면이 강조되고 이에 디지털 전환으로의 필요성이 절실해지면서 우리 사회도 대대적인 변화를 맞이하게 되었다. 대학에 합격하고도 캠퍼스를 밟지 못하고 덜컥 온라인 수업 체계에 들어서게 된 새내기들이 '캠퍼스 낭만'을 잃고 우울감에 빠지고 있다는 소식도 들린다. 그러나 장기적으로 보면 교육의 디지털 전환은 시기의 문제였을 뿐, 전면적으로 도입하고 오히려 주도적으로 다뤄야 했던 새로운 교육체계라고도 볼 수 있다.

　2012년 '세계가 대학이다'라는 모토로 시작된 캠퍼스가 없는 미네르바대학을 많은 사람이 미래 대학의 모델, 혁신적인 대학의 아이콘으로 알고 있을 것이다. 미네르바대학은 개교 4년 만에 2만여 명이 지원하고 약 1.9%의 입학률로 하버드대학보다 입학하기 어려운 대학으로 성장했다. 미네르바대학의 등록금도 3600만 원으로 미국 평균 사립대학교의 평균 등록금인 8000만 원에 비해 월등하게 적다.

설립자 벤 넬슨(Ben Nelson)은 "강의실에서 교수 혼자 이야기하며 진행하는 강의, 자기가 좋아하는 수업만 수강해도 졸업할 수 있는 맥락 없는 커리큘럼, 거리로 직접 나가지 않고 캠퍼스에만 처박혀 공부만 하는 대학 생활은 필요 없다"며 단 세 문장으로 설립 취지를 설명했다. 온라인 플랫폼으로 교수 학습이 이뤄지고, 여러 나라를 이동하며 기숙사 생활을 하고, 각 국가의 대표 기업에서 인턴 활동을 하는 그리 어렵지 않은 학교 운영 방식이다. 그리고 이 온라인 플랫폼은 학습자의 수준에 맞춘 학습 지원(Cross Contextual Scaffolding), 완전히 능동적인 학습(Fully Active Learning), 체계적인 피드백(Systemic Formative Feedback)의 가장 기본이 되는 교수 학습이론을 실천하고 있다.

안타깝게도 우리는 10년의 긴 시간 동안 미네르바대학을 부러워만 하다가 2020년 3월 COVID-19 팬데믹 상황에서 어쩔 수 없이 전면 온라인 수업이 도입되었다. 어떻게 보면 디지털 전환의 변화를 애써 외면하거나 저항하다가 외부적인 요인에 의해 반강제적으로 맞이하게 된 셈이다. 준비되지 않은 원격 수업에 대학도, 학생들도 혼란스러울 수밖에 없다.

교수자와 학습자 모두 원하든 원치 않든 원격 교육의 전환을 맞이하게 되면서 단점보다 더 많은 장점을 경험하고 있다. 정보통신기술(ICT)은 시간(Time), 장소(Place), 비용(Cost)적인 면에서 효율성을 높여주기 때문에 학령기를 지나거나 섬과 같은 오지에 살고 있고 가난한 학생들에게도 유용한 교육 서비스를 제공할 수 있다. 또한 전통적인 교실 환경에서 평균적인 교육과정을 운영할 때 우수한 학생과 학업 성취도가 낮은 학생들을 개별적으로 지원할 수 없다는 한계를 극복하는 핵심적인 도구이기도 하다. 더구나 저출산과 고령화로 학령기 인구가 감소하면서 개별화된 교육은 더욱 필요해지고 있다.

팬데믹이 종식되더라도 온라인 학습 방식을 원상태로 복구할지, 아니면 대학의 교육 혁신을 위한 수단으로 적극 활용할지는 우리에게 달렸다. 단순히 학습 수행 방식의 전환만을 의미하는 것은 아니다. 학습 콘텐츠, 학습 양식, 학습 공간, 학습 플랫폼을 비롯해 많은 영역에서 패러다임 전환을 요청하기 때문이다. 교수의 역할도 지식의 전달에서 학습 상담과 지도로 전환되어야 하고, 학생은 피동적인 학습자에서 능동적인 학습자로 바뀌어야 한다. 온라인 인프라 구축을 위한 대학의 적극적인 투자와 엄격한 교육의 질 관리도 필수적이다. 교육 영역에서 벌어지는 '디지털 전환'에 민첩하게 대응하고, 아날로그 시대의 교육체계를 디지털 학습체계로 과감하게 바꾸는 대응은 이제 필수적인 시대적 흐름이 될 것이다.

물론 비대면 온라인 교육으로의 전환이 점차적이기보다 상당히 급격히 이뤄지게 되었지만, 오히려 AI 시대를 대비한 교육의 경험이 미래를 준비하는 큰 밑거름이 될 수 있으리라 생각한다. 학습은 경험을 통해 배우는 것이다. 특히 회복탄성(Resilience)을 경험하면 과정과 결과를 예측할 수 있기 때문에 불확실성 없이 침착하게 문제에 대응할 수 있게 된다. 팬데믹으로 어려운 시간을 보내고 있는 미래의 인재들이 오히려 앞으로 어떠한 문제도 해결할 수 있다는 자신감을 갖는 계기가 될 수 있을 것이라 믿는다.

미래의 인재는
어떤 일을 하게 될까

미래에는 인공지능, 로봇, 빅 데이터 등 정보통신기술의 발달로 지금 우리가 알고 있는 일자리의 절반가량이 사라지거나 대체되고 새로운 일자리가 대량 증가할 것으로 보고 있다. 세계경제포럼은 2016년 '일자리의 미래(The Future of Jobs)'라는 보고서에서 인공지능, 로봇 기술, 생명과학 등이 주도하는 4차 산업혁명으로 5년 안에 710만 개의 기존 직업들이 사라지고, 기존에 없던 새 일자리가 210만 개 만들어져서, 총 500만 개의 일자리가 사라진다고 발표한 바 있다. 단순하고 정형화된 업무는 대부분 기계나 로봇의 활용으로 자동화될 것이고, 뿐만 아니라 변호사, 의사, 기자 등 전문적인 업무까지 AI로 대체 가능해지는 시대가 올 것이다. 대신 4차 산업혁명은 새로운 직업을 만들어낸다. 3차 산업혁명으로 구글 등 정보통신업체들이 등장했듯이 말이다. 따라서 인간이 할 수 있는 고차원적인 역할에 대해 고려해야만 하는 시점이다.

　미국의 교육과정설계센터(CCR)에서는 2018년 '인공지능 시대의 지식'이라는 보고서(그림 1)에서 지식과 정보의 전달, 지식을 이해시키는 활동 등은 인터넷을 활용하거나 AI에게 맡겨 기존의 교육과정 시간을 대폭 축소하고, 대신에 직업과 관련된 전문지식과 사회문제해결을 위한 시간을 대폭 확대해야 한다고 제안한다.

[그림 1] AI 시대 대비 교육과정의 변화 방향(ⒸCCR 보고서)

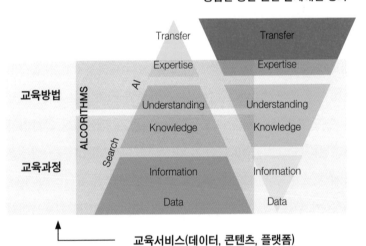

단순히 지식을 저장하고 업무를 반복하는 것은 AI가 인간

보다 훨씬 유능하게 수행할 수 있다. AI가 업무를 처리하는 방식에서 크게 소통(Conversation) 혁신과 인식(Recognition) 혁신을 통한 자동화(Automation)를 경험할 것으로 예상된다. 기본적인 고객 상담은 챗봇이 담당하거나 레시피가 완성된 음식은 로봇이 생산하는 등 반복적이고 단순한 업무는 AI와 로봇이 담당하게 될 것이므로 우리가 일상적으로 담당하는 업무가 대치될 가능성이 높아지고 있다. 사람들은 보다 복잡하고 반복적이지 않은 업무를 할 것이기에 문제를 해결하는 능력, 문제를 조정하는 역할, 데이터를 분석하는 능력 등을 보유한 사람이 인정받을 것이다. 즉 미래의 인재는 AI가 할 수 없는 일을 해야 한다.

이미 2001년 미국 국립경제연구국(The National Bureau of Economic Research) 보고서에 따르면 1980년 이후 반복적인 업무(Routine)는 급격히 감소하고 반복적이지 않은, 분석적이고 상호작용적인 업무가 증가할 것으로 보고 있다. 2018년 한국고용정보원도 '4차 산업혁명 일자리 전망'에서 단순 조립, 단순노동, 계산 및 출납, 창고 정리 등 저숙련의 정형화된 업무는 디지털화나 자동화, 로봇 등의 기술로 대체될 가능성이 가장 높다고 평가했다. 심지어 법률 사무, 회계 사무, 통번역, 임상병리, 영상의학 분석 등 고숙련을 요하지만 정형화된 업무도 향후 AI와 빅 데이터가 발달하면 대체될 수 있다고 전망했다. 이로 인해 대학마다 법학 전문대학원, 회계사 시험합격자를 자랑하던 시대도 곧 사라질 것으로 예상된다. 반면 연구 개발, 공정관리, 설비 유지 보수, 의사, 보험설계사, IT 컨설팅, 반려견관리사, 간병사 등 인간의 정서적 판단, 불규칙적인 사건 사고에 유연한 대처 능력이 필요한 직군은 일자리가 확대될 것으로 예측할 수 있다. 따라서 인간의 이성 및 감정적인 부분에 과학과 기술을 융합한 분야(Human-Tech)에 더욱 관심을 가질 필요가 있다.

정보통신기술을 기반으로 한 역량이 중요해진다는 것은 전통적인 일자리와 업무 공간이 유지되지 않고 메타버스와 같은 가상공간을 통한 소통이 더욱 큰 비중을 차지한다는 의미이기도 하다. 더욱이 팬데믹의 확산으로 이전의 전통적인 규율이 무의미해지고 기동성 높은 유연한 제도가 급격히 도입되고 있다. 과학기술정보통신부의 자료에 의하면 현재 취업자의 7.4%인 약 180만 명이 플랫폼 일자리에 종사하고 있다고 조사되었다.

플랫폼 일자리는 일하는 시간과 장소를 자유롭게 선택할 수 있다는 장점이 있다. 실제로 이미 디지털 노마드가 새로운 업무 유형으로 각광받고 있다. 정해진 사무 공간에 한정되지 않고 정보통신기술을 활용해 원격으로 일하는 형태다. 미국의 GAFA (Google, Apple, Facebook, Amazon), 중국의 BATH(Baidu, Alibaba, Tencent, Huawei)가 이미 전 세계를 대상으로 플랫폼 전쟁을 하듯, 우리나라에서도 경쟁력 있는 플랫폼 기반으로 일자리가 증가하고 기존 기업도 플랫폼을 활용하는 디지털 전환을 통해 관련 일자리가 확대될 것이다. 앞으로 이러한 교육과 협업이 원활히 이뤄지는 비대면 커뮤니케이션 플랫폼 개발 역시 우리에게 주어진 과제라고 볼 수 있다.

이전에는 직장에 충실하며 성실하게 출근하는 것이 훌륭한 역량이었다면, 앞으로는 업무 공간과 별개로 주어진 과제나 목표를 효율적으로 수행하여 부가가치를 창출해내는 역량이 중요해지는 것이다. 재택근무와 단기 프로젝트 단위의 프리랜서 형태의 일자리가 점차 증가하여 여행하며 업무를 하는 사례도 일상화되고 있다. 미래의 인재는 과거 직종에 얽매이지 않아야 한다. 어떤 사무실에서 일할 것인지가 아니라, 언제 어디서든 내가 어떤 가치를 창출해낼 수 있는지를 고민하여 미래를 준비해야 한다.

일 잘하는 사람의
기준은 바뀐다

기존에 일 잘하는 직장인이라고 하면 언뜻 밤늦게까지 사무실에서 야근을 하거나 팀원들이 모여 밤샘 회의를 하는 모습이 떠오른다. 하지만 이는 비효율적인 단순 작업으로 많은 시간을 할애해야 하는 직장 시스템에 고통받는 이도 많을 것이다. 비대면 소통을 중심으로 바뀌고 있는 기업 문화 역시 앞으로 더욱 효율성이 강조될 것이다.

지금부터 정확하게 10년 전, 대통령 소속 국가정보화전략위원회는 스마트워크 전략을 발표하여 출퇴근으로 소모되는 시간과 에너지를 절약하여 삶의 질을 높이려는 정책을 대통령에게 보고했다. 현재에는 일부 스마트워크센터가 도입되어 공공기관 중심으로 이뤄지고 있지만, 일반 기업으로 확대되지는 않았다.

일본과 한국 등 아시아는 유럽, 미국과 다르게 여전히 대면을 중시하는 문화가 남아 있다. 비대면 문화에서 소통의 어려움을 호소하는 경우도 보인다. 하지만 카카오톡, 네이버 밴드, 페이스북, 인스타그램 등 소통의 도구는 점점 다양해지고 있다. 대부분의 소통은 문자를 통해 이뤄지는데 서로 얼굴, 몸짓, 표정 등을 보지 않고 글로 소통하다 보니 한계가 있는 것은 어쩔 수 없다. 따라서 이모티콘과 같은 감정을 나타낼 수 있는 도구를 적절하게 사용하는 것이 도움이 되고 약어와 같은 디지털 표현도 익숙해지도록 노력할 필요가 있다. 그러나 근본적으로는 서로에 대한 신뢰가 기반이 되어야 비대면 문화에서 업무가 가능하다. 비대면상의 업무에 대한 서로의 이해와 배려가 선행되어야 성공적인 소통이 이뤄질 수 있는 것이다. 어찌 보면 이번 팬데믹이 비대면의 유용성을 깨우쳐주는 동시에 새로운 비대면 문화에 익숙해지도록 하는 과제를 던져주기도 한 셈이다. 결국 미래의 인재들은 회사에 출근해서 시간을 때우기보다 회사와 약속한 목표를 달성하는 데 더 큰 의미 부여를 해야 할 것이다.

성실함을 강조하는 시대는 지나가고 잘하겠다는 사람들이 인정받는 시대가 오고 있다. 여기서 '잘'이란 효과적으로 도구를 사용하고 주변과 협력하여 문제를 빠르고 정확하게 해결하는 것을 의미한다. 빅 데이터, AI, 메타버스 등 최첨단 정보통신 기술(ICT)의 급속한 발전은 일하는 방식을 아예 바꿔 놓고 있다.

따라서 적절한 디지털 도구를 사용하여 전문가 또는 전문 집단과 협업을 통해 문제를 해결하는 사람이 일 잘하는 사람의 기준이 될 것이다. 즉 미래에는 디지털 환경에서 사람과의 상호작용 능력이 중요하며, 디지털 문해력, 디지털 매너 등에 대한 소양을 갖추는 것 또한 필수적이다.

미래 사회는 복잡하고 빠르게 변화하므로 혼자서 문제를 해결하기는 매우 어렵다. 특히 인터넷을 비롯한 다양한 기술을 활용해야 하므로 부족한 부분을 메워줄 다른 분야의 사람과 협력하는 연습을 학교에서부터 해야 하고, 이 과정에서 다양한 방법으로 소통하는 것 역시 훈련이 필요하다. 따라서 학과 공부 외에도 다양한 분야에 참여해봐야 하며, 특히 현실 사회문제를 해결하거나 프로젝트에 직접 참여해보는 경험이 매우 중요하다.

AI와 일하되
감성을 놓치지 말라

　대학에서 많은 학생이 조별 과제를 기피하거나 어려워한다. 구성원과 소통이 잘 되지 않거나 여러 변수로 문제가 발생했을 때 혼자서 해결하는 것보다 합리적인 사고를 통해 대화로 문제를 해결해나가는 것이 더 번거롭고 어렵게 느껴질 수 있다. 기술의 발달로 의사소통이 편리해졌는데 오히려 많은 사람이 소통에 어려움을 느끼는 것은 아이러니한 일이다. 그러나 갈등 상황을 해결하거나 공감과 소통을 통해 문제의 해결 방법을 찾아나가는 것은 AI 시대를 살아가야 하는 미래 인재들이 반드시 갖춰야 하는 중요한 능력이다.

　AI를 효율적으로 활용하는 것뿐 아니라 사람과 함께 일하고 연구해야 하는 미래의 인재들은 인간의 특수한 영역인 감성적인 활동에도 집중할 필요가 있다. 업무적인 능력이나 전문 지식인 하드 스킬(Hard Skill)과 함께 기술로 대체할 수 없는 상호작용 능력으로 소프트 스킬(Soft Skill) 또한 더욱 중요해지고 있다. 소프트 스킬은 개인의 성격 특성과 의사소통 역량을 말한다. 의사소통이나 대인 관계 능력이 업무 자체와는 직접적인 연관이 없는 것처럼 보일 수도 있겠지만, 사실 모든 업무는 다른 사람과의 상호작용을 거칠 수밖에 없다. 정량적으로 수치화하고 평가하기는 어렵지만 소프트 스킬은 인간만의 전유물인 동시에 지식을 배우듯 습득할 수도 없는 고유한 능력으로 앞으로는 더욱 중요한 역량이 될 것으로 보인다. 많은 직업이 AI에게 대체될 것으로 보이는 미래에도 사람의 정서를 다루는 것은 여전히 사람의 몫이다.

실제로 마크 저커버그나 스티브 잡스 등 21세기형 리더들은 권위의 중심에 있기보다는 조직 안에서 또 소비자들과의 관계에서도 사람들의 감정을 파악하고 정서적인 관계를 유지하는 데 힘쓴다. CEO라고 해서 독단적으로 행동하기보다 동료와 고객의 입장에서 들여다보고 다가가기 쉬운 돈독한 관계를 맺으며 경청하고 소통에 힘쓰는 것이 미래형 리더십이다.

하버드대학 초빙교수이자 글로벌 교육전문가인 찰스 파델(Charles Fadel)은 21세기 미래 학습자가 갖춰야 할 정서적인 주요 역량으로 창의성, 비판적 사고력, 의사소통 능력, 협동성, 세계시민성, ICT 활용 능력 등의 7C가 있다고 했다. 또한 포브스는 AI 시대에 더 필요한 9가지 소프트 스킬을 소개했는데, 여기에는 민첩성과 리더십 그리고 수용성과 정확하고 합리적인 판단 및 의사결정 등이 추가되었다.

함께 일하는 구성원과 협업하고 합리적인 의사결정을 하기 위해서는 정확한 판단과 추진력도 중요하겠지만, 나와 상대방을 이해하고 공감할 수 있는 능력이 곧 팀워크로 이어진다. 유연하고 창의적으로 소통하고, 적극적이고 도전적으로 해결해 나가는 인재가 어느 집단에서나 환영받을 수 있다.

미래 인재가
세상을 보는 눈

4차 산업혁명 시대를 맞이하는 우리는 당장 눈앞에 놓인 과제를 해결하는 데 집중하기보다 앞으로의 사회가 어떻게 변화하며, 또 우리가 어떻게 발맞춰 나아갈 것인지를 고민해야한다. AI가 일상화되며 인류는 지금까지 겪어왔던 산업혁명의 몇 배는 빠른 변화를 겪게 될 것이다. 일상의 패러다임을 완전히 바꿔 놓을 변화에 발맞춰 21세기가 필요로 하는 인재가 체득해야 하는 기본적인 관점과 자세를 몇 가지 제시해본다.

미래를 능동적으로 이끌어가는 주도적인 힘

현재의 교육에서 가장 먼저 바뀌어야 하는 것이 바로 기존의 주입식 교육이다. 단순히 지식을 전달받고 배운 지식을 암기하여 시험을 보는 것이 아니라 스스로 목적을 가지고 자기 주도적으로 학습해야 한다. 그래야 더욱 치열하게 생각하며 자신의 의지대로 나아가는 방법을 찾아낼 수 있다.

미래를 이끌어가는 인재는 세상을 주도적으로 이끌고 능동적으로 행동할 줄 알아야 한다. 미래 기술이 빠르게 발전하고 우리 생활에 적용되는 영역도 확대되고 있으나, 자칫하면 기술을 활용하는 것이 아니라 기술 발전을 한 걸음 뒤에서 따라가는 셈이 될 수 있다. 아무리 훌륭한 과학기술이 있어도 그것을 판단하고 목적에 따라 사용하는 것은 인간이기에, 능동적이고 주도적으로 생각하는 힘이 중요하다.

변화에 대한 빠른 적응 능력

미래 사회는 복잡하고 예측하기 어렵다는 특성을 지니고 있다. 우리는 미리 생각하고 대비할 수 없는 새로운 작업 방식에 적응해야 할 것이다. 이제 학교에서 배운 지식으로 평생을 살아갈 수는 없다. 학생 신분에서 벗어나도 나이와 상관없이 계속해서 배우고 새로운 것에 적응해야 한다. '숫자에 약하다'거나 '기술은 잘 모른다'는 틀에 갇혀 머뭇거리기보다는 열린 마음으로 새로운 것을 받아들이려는 자세가 필요하다. 변화에 빠르게 적응하고 새로운 것을 익히는 유연한 사고를 갖춰야 한다.

융합성과 전문성

최근 일본어 '오타쿠'를 한국식으로 발음한 '오덕후'의 줄임

말인 덕후는 어떤 분야에 몰두해 전문가 이상의 열정과 흥미를 가진 사람이라는 긍정적인 의미로 사용되고 있다. 미래의 인재는 누구나 자신의 분야에서 전문성을 가져야 한다.

딥 러닝(Deep Learning)이라는 용어는 그 분야의 전문가로서 관련 분야의 지식을 활용하여 사회문제를 해결하는 학습 방법을 말한다. 이처럼 자신의 분야에 대하여 깊이 있는 지식을 습득하고 경험하는 사람이 성공하는 사례를 흔히 볼 수 있다.

하지만 단순히 지식을 갖추는 것이 아니라 관심을 가지고 다양한 분야를 넘나들어 여러 분야를 융합하는 능력을 지니는 것이 무엇보다 중요하다. 복잡한 문제를 해결하기 위해서는 문과와 이과 지식이 혼합된 융합 지식이 필요하므로 자기 분야의 식견을 넓히고 융합적 지식을 갖는다면 더 훌륭한 인재로 성장할 수 있을 것이다.

본질을 파악하는 통찰력

본질을 꿰뚫어보는 힘을 통찰력이라고 한다. 겉으로 보이는 현상만 훑을 것이 아니라 어떤 문제의 본질을 들여다볼 수 있어야 한다. 본질을 제대로 규정할 수 있을 때 해결책도 찾아갈 수 있다. 기술적 능력은 수단으로 유용하게 활용할 수는 있지만 그 자체가 인간이 해결해야 하는 문제의 방향성을 찾는 데 도움이 될 수는 없다. 인간만이 할 수 있는 고차원적인 사고를 통해 우리는 올바르게 문제를 해결해 나가야 하며, 그러한 사고의 시작은 본질을 꿰뚫고 통찰력을 기르는 데서 나온다.

인문학적 관점

공부하고 일하는 형태는 디지털 대전환을 통하여 크게 변화하고 있다. 다시 말해 기계와 인간이 단순하게 같이 살아가는 융합(融合)에서 더 나아가 융화(融和)해야 하는 사회라는 것이다. 대면보다 비대면 기회가 늘어나고 가상환경에서 생활해야 하기 때문에 인간에 대한 본질적인 고민도 과거보다 더 많이 하게 될 것이다. 즉 나는 누구이고, 어떻게 창조적으로 살고 우아하게 죽을 것인가를 고민하는 인문학에 대한 중요성도 간과해서는 안 될 것이다.

덴마크의 철학자 키르케고르는 인간이 꼭 갖춰야 할 덕목으로 지혜(Sapience), 정의(Justice), 용기(Fortitudo), 절제(Temperantia)를 말했다. 자율주행 자동차가 거리를 활보할 날이 머지않았는데 이러한 미래에 새로운 세상의 운영을 위한 지혜와 정의를 갖춰야 한다. 기술의 오용과 남용을 방지하기 위한 용기와 절제도 그 어느 때보다 필요해질 것이다. 최근 전 세계적으로 인기를 끌고 있는 한국 드라마 〈오징어 게임〉과 같이 인간이 게임의 도구화가 되는 세상이 현실화되지 않기 위해서는 과학 및 기술뿐만 아니라 인간에 대한 깊은 성찰 면에서 중요한 훈련이 필요하다.

3. 새로운 꿈을 품고
새 시대에 뛰어들자

하고 싶은 것을
마음껏 하며 꿈을 찾자

앞으로의 인재들이 하게 될 일은 현존하는 직업에 한정되지 않는다. 자연히 인재를 키우는 교육도 근본적으로 달라져야 할 것이다. 과거처럼 강의실에 앉아 똑같은 수업을 듣는 방식으로는 개별적이고 창의적인 역량을 키워내기 어렵다. 학생들은 수업을 듣고 지식을 암기하는 데 집중하는 것이 아니라 나의 미래를 어떻게 설계하고 개척해나갈 것인지를 찾아나가야 한다. 폭넓고 자유롭게 상상하여 목표에 따라 마음껏 교육을 활용하기를 바란다.

본질적으로 교육이 이뤄지는 이유는 크게 세 가지다. 첫째는 긴 세월 축적된 지식을 전달하여 배움을 돕는 것이다. 즉 교육의 가장 기본적인 목적이라 할 수 있는 지식 전수다. 둘째는 지식을 배우는 과정 속에서 자신이 앞으로 나아가야 할 길과 꿈, 목표를 찾도록 하는 것이다. 세상을 이해하고 자기 자신이 지닌 능력과 잠재력을 이해하면 내가 세상에서 어떤 역할을 할 수 있는지를 찾을 수 있다. 셋째로 교육의 목적은 지식을 창출하는 연구에 있다. 연구는 새로운 것을 탐구하는 것으로, 이 과정을 통하여 학생의 창의력을 높이고 잠재력을 발견하게 한다. 21세기가 요구하는 자신을 개발하고 글로벌 창의 인재가 되는 과정인 셈이다.

이 중에서도 교육의 가장 중요한 목적을 꼽자면 바로 꿈을 찾는 것이다. 자신이 하고 싶은 것, 잘할 수 있는 것을 찾기만 해도 성공이다. 대학에서도 이런 학생은 자신이 찾은 꿈을 향해 열정을 쏟아붓기 때문에 굳이 공부를 많이 시킬 필요가 없다. 학점에 매달리지 않고, 꿈을 이루기 위해 많은 사람과 어울리는 것이다. 이러한 과정을 통해 협동심을 기르고 세상을 더 넓게 보게 된다. 자연스레 필요한 지식을 습득하기 위해 스스로 책을 읽고 공부한다.

그러나 무엇이 되고 싶은지 또 무엇을 하고 싶은지 꿈을 찾지 못한 채 방황하는 학생이 더 많다. 또렷한 목적이 없기 때문에 공부는 하고 싶지 않고 짜증만 난다. 꿈이 뚜렷하지 않은 학생들은 오히려 친구들의 일을 곁눈질하거나 비교하면서 스트레스를 받기도 한다. 친구를 따라가려고 하지만 언제나 불만스럽다. 친구들과 자신을 비교하는 것은 결국 비슷하게 되기 위해 노력하는 일이다. 차별화된 자신만의 길을 가는 사람은 다른 사람과 비교하지 않는다. 자신의 길이 뚜렷한 학생은 옆 사람의 길에 대해서 그다지 관심을 가질 이유가 없다.

꿈을 가지면 저절로 그 방향으로 나아가게 된다. 꿈을 준비하며 차근차근 쌓아뒀던 역량을 그 분야에 집중적으로 발휘하며 발전할 것이다. 물론 처음부터 분명한 꿈을 정해두는 사람은 드물다. 따라서 다양한 분야에 관심을 가지고 여러 경험을 해보는 것을 권하고 싶다. 넓은 세상을 알기 위해서 책을 읽고, 여행을 가고, 영화를 보고, 사람을 만나고, 아르바이트를 하고, 인턴도 해보는 것이다.

꿈을 향해 나아가든, 아직 꿈을 찾고 있든 또렷한 목적을 가지고 있다면 자신만의 길을 찾아 성장해나갈 수 있을 것이다. 사실 교육 현장에서는 자유분방하게 지내는 학생이 더 크게 성장하는 경향도 있다. 자기 주도성을 키우는 것이기 때문이다. 시키는 것만 하면 작은 그릇이 된다. 주입식 교육에서 벗어나 하고 싶은 것을 마음대로 할 수 있는 자유로운 놀이터 같은 교육 환경에서 미래의 인재는 자라날 것이다. 그것이 캠퍼스가 존재하는 이유이기도 하다. 교수는 학생의 가슴에 불을 지르는 사람, 학생은 자유롭게 노는 사람이어야 한다.

앞으로의 교육에서 핵심은 바로 다양성이다. 살아가는 세상이 다양하고, 학생들이 가진 특성과 잠재력도 다양하기 때문에 일관적인 기준으로 비교해서는 안 된다. 우등상도 중요하지만 봉사상, 질문상, 독서상 등 다양한 '상'이 주어져야 한다. 〈Love Myself〉라는 노래도 있듯이 학생들은 스스로를 유일한 존재, 소중한 존재로 생각해야 한다. 자신의 독특한 빛, 색깔을 사랑하고 자기의 길, 미래 성공을 생각하면 가슴이 둥둥 뛰어야 한다. 남과 똑같아질 필요는 없다. 다양한 세상에 다양한 가치가 존재하는 것을 보며, 독특한 컬러를 가진 자신을 사랑하면 된다.

가슴에 불덩이를 품은 학생,
가슴에 불 지르는 교수

    교육은 개인이 가지고 있는 잠재력을 깨닫고 그 능력을 펼칠 수 있는 길로 나아가도록 이끌어주는 역할을 해야 한다. 학생으로 하여금 꿈을 가지고 이를 키우며 가슴이 두근거리게 하는 것이 훌륭한 인재를 키워내는 교육의 핵심이다. 마음속에 담긴 열정이 불타오르면 자신이 하고 싶은 일을 스스로 찾아서 한다. 공부를 많이 하거나 어떤 테스트를 통과하는 것에 중점을 둘 것이 아니라, 학생들의 가슴에 불을 질러 엔진이 돌아가도록 하는 것이 중요하다.

    불덩이를 가슴에 안은 학생은 대범해지고 무슨 일이든 할 수 있게 된다. 꿈을 크게 가지면 자잘한 일은 작아 보인다. 학점만이 유일한 목표가 아니라는 것을 알게 된다. 학점이나 겉모습 등은 문제가 안 되고, 취업 불안과 스트레스 등도 해결된다. 미래의 인재는 다양한 기회가 주어지는 데서 길러질 것이다. 책을 많이 읽고 대화를 하며 세상을 체험할 수 있어야 한다. 큰일을 하려면 친구들과 어울리고 협업해야 한다는 것도 배워야 한다.

사회는 계속 변하기 때문에 지금 배운 지식이 10년 후에는 큰 도움이 되지 않는 경우가 많다. 지금 당장 일률적으로 많은 것을 배울 필요는 없다. 다만 국어, 영어, 수학 등 변하지 않는 기초 소양을 배우고 나머지는 프로젝트나 인턴, 실습 등을 거치며 스스로 터득하는 훈련이 이뤄져야 한다. 스스로 문제를 찾고 공부하며 찾아가는 훈련에 익숙해지면 지식이 필요한 곳에 스스로 찾아간다.

기후변화, AI, 유전자 편집을 비롯한 새로운 미래 생태계에서의 공존, 주변 국가는 물론 동서양 화합을 통한 공존을 위해 자기의 역할을 찾고 노력하는 인재를 길러야 한다. 교수가 낸 문제를 학생이 수동적으로 푸는 것이 아니라 학생들이 스스로 문제를 출제하고 스스로 답을 찾게 하는 식으로, 능동적으로 길을 찾아나갈 줄 아는 인재가 큰 인물이 된다. 학생이 어느 과목을 공부한 후에 시험 문제를 만들려면 결국 모든 것을 이해해야 한다. 스스로 어떤 문제가 의미 있고 필요한지를 주도적으로 생각하는 능력과 스스로 길을 찾아가는 능력을 학생들에게 가르쳐야 한다. 가장 좋은 문제를 만든 학생에게 상을 주는 것도 좋은 방법이다.

이는 교수에게도 자극이 될 것이며, 교수의 역할에 대해 생각하게 할 것이다. 교수는 20, 30년 전에 한 경험으로 21세기를 살아가는 학생들에게 무엇을 줄 수 있을까? 학생을 가르치기보다는 "해봐라!"라고 격려해주는 것이다. 교육부터 바뀌어야 학생이 변한다. 교수도 계속해서 교육을 통해 배우고 의식을 개선해야 한다. 교수는 젊은 영혼을 이끌어가는 사람이며, 학생 가슴에 불 지르는 사람이다. 연구 논문으로만 교수를 평가하는 현재 시스템도 다양한 역할을 인정하는 형태로 바뀌어야 할 것이다. 캠퍼스는 간섭 없이 마음껏 시도할 수 있는 곳이어야 한다.

21세기 인재로
성장하기 위한 경험의 장

어떤 시대든 자신의 꿈을 찾고 그것을 실현하려 노력하는 학생은 훌륭하다고 평가받았다. 작은 일에 스트레스를 받기보다 큰 것에 집중하여 꾸준한 길을 가는 학생들은 대부분 자신의 꿈을 이룰 수 있다. 자신의 꿈을 찾고 능력과 잠재력을 발견하기 위해서는 책을 읽고 친구를 만나고 집단생활을 하는 등 다양하고 새로운 경험을 해야 한다. 성공적인 사례와 다양한 세상을 접하는 것은 자신의 꿈을 찾고 좇는 데에 중요한 동기부여가 된다. 그런 인재로 성장하기 위해 앞으로 대학에서는 무엇을 배워야 할까?

새로운 것을 해보는 데에는 연구만 한 것이 없다. 연구 주제를 설정하고 계획을 세우고 시행착오를 거치는 과정을 통해 자기 자신을 성장시킬 수 있다. 연구를 통해 새로운 지식이 창출되기도 하고 그에 따른 창의성과 협동심을 기를 수 있으며, 이

과정에서 꿈을 찾고 키우기도 한다. 연구는 21세기 '글로벌 창의 인재'를 기르는 데 최적의 방법이다. 지식을 쌓고 꿈을 찾기 위해서라도 연구의 중요성에 주목해야 한다.

점차 단순히 지식을 전수하거나 주입식으로 가르치는 교육이 약화되고, 다양한 방식의 온라인 디지털 교육방식들이 출현하고 있다. 특히 인공지능과 메타버스 기술을 이용한 학습 시스템이 비대면 교육 효과를 최대로 올려주면서 지식을 습득하기 위해 굳이 학교에 가지 않아도 되는 세상이 오고 있다. 그러다 보면 기존의 교육기관이 해오던 역할은 약화될 수밖에 없다. 대학에서의 연구 기능도 같은 방법으로 충족될 수 없다. 온라인 방식은 연구 환경을 제공하기 어렵기 때문에, 연구 현장에서 서로 토론하고 실험하는 과정은 여전히 필요할 것이다.

자연히 앞으로는 연구하는 환경을 제공하는 대학이 발전할 것이다. 학생들이 동료들과 어울리며 탐구하고 프로젝트를 진행할 수 있어야 한다. 연구는 집단적으로 이뤄지기에 오프라인 교육이 존재해야 한다. 이러한 과정을 통해 지식을 습득할 뿐 아니라 협동심을 기르고, 꿈을 찾고 미래 생태계를 연구하는 인재가 한발 앞서 미래를 준비하게 될 것이다.

교실 안에만 있으면 인간과 AI가 공존하는 방법을 배울 수 없다. 남들과 함께 연구하고 토론하며 깨닫고 새로운 것을 만들어가야 한다. 앞으로 학생은 돈을 내면서 학교를 다니지 않고,

연구비를 받으며 학교를 다닐 것이다. 교수와 학생은 재미있고 좋은 주제를 찾아 회사에 제시하여 프로젝트를 따올 것이다. 이를 통해 얻는 연구비로 학생을 지원하는 선순환 구조의 교육 생태계가 만들어진다. 즉 대학원 과정이 학부 3, 4학년으로 내려올 것이다. 필요한 지식은 개별적으로 배우고, 학교에 나와서 친구들과 모여서 연구한다. 이러한 교육 현장의 변화를 이해하고 대비하는 인재가 앞으로는 더 좋은 성과를 얻을 수 있을 것이다.

2장

우리는 여전히
대학에서 배운다

    미래 사회가 원하는 인재상의 변화에 따라 일각에서는 더 이상 지금의 대학이 미래의 인재를 키워낼 수 없다고 보기도 한다. 디지털 기술의 발달로 온라인 수업이 활성화되고 개인 맞춤형 수업이 가능해진 상황에서 메타버스의 출현은 교육 환경을 더욱 획기적으로 바꿔갈 것이다.

    확실히 이제 더 이상 강의실과 교수가 많이 필요하지 않다. 출산율이 급감하고 문을 닫는 대학이 늘고 있는 것도 사실이다. 저출산은 많은 선진국의 공통 문제이지만 우리나라는 특히 빠르게 진행되면서 신입생을 충원하지 못하는 대학이 늘고 있다. 이러한 변화에 따라 대학의 존폐 위기가 거론되고 있지만, 인구 감소에 따라 학교의 숫자가 줄어든다 한들 대학 자체가 없어지지는 않을 것이다. 나태함과 비교 본능이 있기 때문이다.

    인간은 본질적으로 나태하다. 오랜 시간 끈기를 가지고 스스로의 힘으로 공부할 수 있는 사람은 극히 드물다. 개인을 학교라는 틀에 넣어서 타율적으로 공부하게 만드는 시스템이 필요하다. 다양한 교육방식과 디지털 교재가 제안되고 있지만, 인간 본성의 한계 때문에 학교라는 타율적인 시스템은 존속할 수밖에 없다. 또한 인간은 비교 우위를 느끼고 싶어 하는 본능이 있다. 명문대학을 나왔다는 우월감과 남들에게 보여주고 싶은 욕망 때문에 대학이 없어지는 것은 어렵다.

무엇보다 학생과 학생, 학생과 교수가 만나 상호작용하는 과정은 매우 중요하다. 이 과정 속에서 많은 것을 배우고 경험한다. 캠퍼스 냄새를 맡고 자유를 느끼는 것 역시 학생의 특권이다. 무크 같은 온라인 플랫폼을 통해서는 이런 온전한 자유를 느낄 수 없다. 그래서 온라인 수업이 활성화되더라도 함께 모여서 연구하는 오프라인 교육이 필요하다. 앞으로는 온·오프라인 하이브리드식의 대학이 인기를 끌 것이다.

우리나라 대학은 현재 세 가지 문제에 직면하고 있다. ICT 변화, 인구 변화, 인재상의 변화이다. 또한 획일화되어 있는 대학의 모습이 경쟁력을 잃게 만든다. 이는 글로벌 챌린지다. 다양한 가치를 고려하고 세계로 눈을 돌려야 한다. 이러한 것들을 종합적으로 볼 때 우리나라 대학이 살아남으려면 시장을 넓히고 글로벌화해야 한다. 한국만을 타깃으로 하면 몇 백 개의 대학이 존재할 수 없다. 시장이 작다. 그렇다고 무작정 글로벌 진출을 도모하기에는 경쟁력이 없다. 여기에 특성화가 필요하다.

인공지능 같은 분야에 집중해 특성화하면 경쟁력을 갖출 수 있다. 그러면 동남아 등 세계에서 찾아올 것이다. 재단, 총장 등 리더들이 과감하게 시스템을 다시 설계해야 국내외 모두에서 경쟁력을 가진다. 글로벌 시장을 보며 지구촌에 요구되는 인재를 키워야 살아남는다. 당장 눈앞에 닥친 현실 문제해결이라는 목표를 넘어서야 한다. 학령인구 감소로 앞으로는 정원을 줄여야 하기 때문에 소형 특성화 대학이 등장하면서 더 발전할 가능성이 높다. 위기 상황이므로 변화할 좋은 기회다. 과감하게 미래 사회가 원하는 방향으로 구조조정을 해야 한다.

시야를 넓혀
변화를 받아들이자

　나라가 부강해야 행복할 수 있다. 행복은 주위 사람, 환경과 공존하면서도 어느 정도 비교 우위를 가질 때 온다. 경제, 외교, 국방, 기술을 비롯해 다방면에서 뛰어나고 경쟁력이 있어야 공존하며 행복이 가능하다. 이것이 행복의 원리다. 나라가 부강하려면 다양한 가치와 다양한 역할로 사람들이 협조해야 한다. 국가 부강의 원리다. 획일성에서 벗어난 다양성의 가치를 아는 대학을 통해 사람들이 행복의 원리와 국가 부강의 원리를 깨우치도록 해야 한다. 개인과 대학 모두 남들과 비교하며 비슷해지려고 하지 말고 본인만의 고유한 색을 찾아 독특한 존재임을 인지해야 한다. 다양한 사회 속에서 공존의 가치를 알고 본인의 꿈을 찾으며 자신을 사랑할 줄 알아야 한다.

　미래에는 인간과 기계 그리고 자연과 공존하는 사회가 될 것이다. AI와 인간이 공존하는 미래 사회에서는 각자의 역할을 존중하고 협력해야 할 것이다. AI의 효용성에 익숙해진 우리 인간은 AI 없이는 살 수 없게 된다. 그런 사회에서는 AI를 잘 활용하는 사람이 성과를 내고, 리더로 성장한다. 다시 말해서 AI와 한 팀이 되어 협력하는 사람이 능력을 인정받는다. 그러기 위해서는 AI의 장단점을 잘 알고 그에 맞춰가야 한다. 각자의 역할을 알고 인정해야 한다. 인간의 장점인 창의성이 더욱 중요해지는 것이다. 대학은 인간이 잘할 수 있는 창의력과 새로운 생각을 만들어내는 연구를 더욱 중시해야 한다. 학생이 주도적으로 문제를 찾고 해결하는 가운데 창의성이 개발된다.

미래의 국력은 AI와 메타버스의 활용력에 크게 영향을 받을 것이다. 인간의 상상력은 자신이 직간접적으로 경험한 곳에서 출발하기 때문에 그 공간이 넓은 사람이 유리하다. 좋은 AI를 스스로 개발할 수 있고, 이렇게 개발된 AI를 이용하여 사회와 산업의 효율성을 높이는 국가가 글로벌 리더가 될 것이다. 미래에는 상상력이 국가의 운명을 좌우할 것이다.

미래의 인재들에게 눈을 세계로 돌리라고 호소하고 싶다. 학생이나 학부모는 남과 비교하는 생각에서 벗어나야 한다. 다양한 가치관, 기회가 존재하는 세계를 바라봐야 한다. 학생들에게서 외국에 가지 않으려는 경향이 나타나는데 새로운 동기부여가 필요하다. 정치, 정책을 책임지는 분들도 넓은 세상을 봐야한다. 시야를 국내에 제한하면 우물 안 개구리가 된다. 세계가 어떻게 돌아가는지 모르고 관습과 기득권을 주장하는 21세기 대원군이 많다는 이야기도 있다. 어느 때보다도 다양성, 개방성이 존중되어야 한다. 교수 평가, 학생 평가, 대학 평가 등에서 동일한 잣대로 줄 세우기를 중단해야 한다. 사회 시스템이 다양한 가치, 다양한 역할에 기반한 협조하는 환경으로 바뀌어야 미래가 있다. 이러한 미래를 향한 변화를 위해서는 남 탓, 세상 탓이 아닌 내가 먼저 바뀌어야 한다. 그래야 주위가 바뀌고 사회가 바뀐다.

ollspy=d,this},a(window).on(
function b(b){return this.each(
c.TRANSITION_DURATION=150,c.
ion(a){"use strict";function
}var c=function(b){this.element=a(b)};c.VERSION="3.3.7",
nu)"),d=b.data("target");if(d||(d=b.attr("href"),d=d&&d.replace(/.*(?=#[^\s]*$)/,"")
a.Event("hide.bs.tab",{relatedTarget:b[0]}),g=a.Event("show.bs
nted()){var h=a(d);this.activate(b.closest("li"),c),this.a
ype:"shown.bs.tab",relatedTarget:e[0]})})}},c.prototype.
e").removeClass("active").end().find('[data-toggle="tab"
ed",!0),h?(b[0].offsetWidth,b.addClass("in")):b.removeC
[data-toggle="tab"]').attr("aria-expanded",!0),e&&e()}va
find("> .fade").length);g.length&&h?g.one("bsTransition
fn.tab;a.fn.tab=b,a.fn.tab.Constructor=c,a.fn.tab.noCon
(document).on("click.bs.tab.data-api",'[data-toggle="ta
";function b(b){return this.each(function(){var d=a(thi
&e[b]()})}var c=function(b,d){this.options=a.extend({}
(this.checkPosition,this)).on("click.bs.affix.data-api"
pinnedOffset=null,this.checkPosition()};c.VERSION="3.3.7"
ction(a,b,c,d){var e=this.$target.scrollTop(),f=this.$elem
this.affixed)return null!=c?!(e+this.unpin<=f.top)&&"bott
?"top":null!=d&&i+j>=a-d&&"bottom"},c.prototype.getPinne
ddClass("affix");var a=this.$target.scrollTop(),b=this
oop=function(){setTimeout(a.proxy(this.checkPosit
(),d=this.options.offset,e=d.top,f=d

새로운 인재를 키워낼
미래의 대학

교육의 위기와
혁신의 방향성

배상훈, 오대영, 허준

1. 한국 고등교육의
위기와 현실

국제적으로 뒤처지고 있는
우리의 대학 경쟁력

　우리나라 고등교육의 역사를 돌아보면 해방 이후에 비약적으로 성장해온 것을 알 수 있다. 2021년의 대학 수가 4년제 대학과 전문대를 합쳐 331개에 이르고, 국민의 높은 교육열 덕분에 2019년 우리나라 성인(25~64세) 고등교육 이수율은 경제협력개발기구(OECD) 국가 평균인 39.6%보다 훨씬 높다. 청년층(25~34세)의 고등교육 이수율은 69.8%로 OECD 국가에서도 최상위인 2위이다(교육부 보도자료, 2020.9.8.). 자원 빈국인 우리나라가 짧은 기간에 세계 10위권의 경제 대국으로 발전한 데는 이런 고등교육 인프라가 매우 큰 힘이 되었다.

　그러나 인공지능을 비롯한 디지털 기술로 촉발되고 있는 4차 산업혁명 시대는 산업구조, 성장 동력, 고용구조 등이 과거와 완전히 달라질 것이다. 미래 시대와 그 주역이 되는 인재들에게 필요한 역량이 달라진다면 자연히 고등교육도 달라져야만 한다. 그런데 현재 우리의 고등교육은 새로운 시대에도 지식 전수와 인재 양성의 역할을 충실하게 할 수 있을지 불안한 구석이 있다. 급격한 사회적 변화와 함께 대학의 존재 의미에 대한 회의감마저 불거지고 있는 것이 현실이다.

우선 우리나라의 고등교육은 양적인 성장에 비해 질적으로는 세계 수준에 상당히 뒤처져 있다. 스위스 국제경영개발대학원(IMD)[2]이 주요 60여 개국을 대상으로 매년 실시하는 경쟁력 평가만 봐도 우리나라의 대학 교육 경쟁력은 줄곧 40~50위권에 머무른다. 국가 경쟁력은 20위권, 교육 경쟁력은 20~30위권인데 비하면 아쉬운 수준이다. 2021년 평가에서도 64개국 중 국가 경쟁력은 23위, 교육 경쟁력은 30위, 대학 교육 경쟁력은 47위였다. 또한 세계경제포럼(WEF)[3]이 실시하는 국가 경쟁력 평가

2 IMD는 세계적인 사립 경영대학원인 국제경영개발대학원(International Institute for Management Development)의 약자이다. 스위스 로잔에 있다. 1989년부터 매년 OECD, IMF, UNESCO 등의 통계수치를 활용해서 세계 각국의 국가 경쟁력을 종합 평가하고 순위를 매겨 발표하고 있다. 국가경쟁력지수는 경제 성과, 정부 효율성, 기업 효율성, 인프라 구축 등 4개 부문의 330여 개 지표 점수를 평가한다. IMD의 국가경쟁력지수는 각국의 경쟁력을 비교·평가할 수 있는 가장 권위 있는 자료로 평가받는다. 이 자료는 각국의 정책 자료와 세계 투자자들의 기초 자료로 활용된다(시사상식사전, 2021.7.10.).

3 세계경제포럼(World Economic Forum)은 1971년 독일 출신의 제네바대학 경영학 교수 클라우스 슈밥(Klaus Schwab)에 의해 창설되었다. 매년 1~2월 세계의 저명한 기업인, 경제학자, 언론인, 정치인 등이 스위스 다보스에서 모여 범세계적인 경제문제에 대해 토론하고 국제적인 실천 과제를 논의하는 국제민간회의이다. 포럼에서 논의된 내용은 세계무역기구(WTO) 등 국제경제에 큰 영향력을 미친다. 다보스포럼으로 불리기도 한다(시사상식사전, 2021.7.11.).

의 한 항목인 '고등교육 및 훈련' 영역에 있는 교육 시스템의 질 평가는 2016년 75위에서 2017년에는 81위로, 경영대학의 질 평가는 2016년 63위에서 2017년에는 69위로 각각 6단계씩 떨어졌다(기획재정부 보도자료, 2017.9.27.).

조선일보와 영국의 글로벌 대학 평가기관인 QS(Quacquarelli Symonds)는 2009년부터 매년 공동으로 '아시아 대학 평가'를 해서 발표하고 있다. 그런데 2020년에는 사상 처음 국내 대학이 한 곳도 10위권에 들지 못하는 일이 벌어졌다. 한국 대학들의 발전 속도가 세계의 주요 대학은 물론 아시아의 다른 대학에 비해서도 뒤처지고 있다는 뜻이다. QS 측은 "한국 대학들이 연구 분야에서 중국만큼 활발한 성과를 못 내고 있다"고 밝혔다.

우리 대학들은 낮은 연구력으로 인해 세계에서 실시되는 주요 글로벌 대학 평가에서도 상위권에 진입하지 못하고 있다. 대표적인 국제 대학 평가인 US News & World Report의 세계 대학 평가(The Best Global Universities Rankings), QS 평가, 영국 대학 평가기관인 타임스고등교육(THE: Times Higher Education)의 세계 대학 순위(World University Rankings), 중국 상하이 교통대학의 세계 대학학술평가(ARWU: Academic Ranking of World Universities) 등 4개 평가의 순위를 보면 상위권에는 미국, 영국 등 영어를 사용하는 국가의 비중이 높다. 그래도 중국과 일본 대학들은 4개 평가에서 모두 100위권 내에 진입해 있다. 그에 비해 우리나라 대학은 연구 관런 지표의 비중이 낮은 QS에서는 500위권에 많이 진입하지만, 연구 비중이 높은 평가에서는 상위권에 진입한 대학이 적다(서지영, 2021). 우리나라는 세계 10위권 경제 대국이지만, 외국 고등교육기관에 유학 중인 한국 학생 수가 국내 고등교육기관에 유학 중인 외국인 학생보다 훨씬 많은 것도 우리 대학의 낮은 연구력과 관련지어 볼 수 있다. 2018년을 기준으로 외국 고등교육기관에 유학 중인 한국인 유학생 수는 22만 930명이고, 국내에 유학 중인 외국인 수는 14만 2,205명이다.

악화되는 재정에
부실해지는 교육 여건

누구보다 교육열이 높고 고등교육 진학률도 높은 우리나라는 왜 4차 산업혁명 시대에 걸맞은 인재를 길러내는 데 있어 낮은 역량을 보이는 것일까?

우리 대학들의 연구 경쟁력이 낮고, 국제적인 대학 평가에서 뒤처지는 주요 이유 중 하나는 빈약한 교육 재정에 있다. 교육 발전에는 많은 투자가 필요하다. 교육을 백년지계(百年之計)라고 하는 이유도 오랜 기간 많은 투자를 해야 결실을 볼 수 있기 때문이다. 우리나라 고등교육의 특징은 사립대가 전체 대학의 84%로 매우 많고, 사립대 경상 경비의 등록금 의존률도 54.1%(2018년)로 높다는 점이다. 그런데 우리나라 대학의 등록금은 2012년 정부가 가계 부담을 줄이기 위해 '반값 등록금' 정책을 시행한 후 사실상 동결된 상태다. 그런데 정부의 고등교육 투자 규모는 OECD 국가 평균보다 상당히 적기 때문에 사립대들의 재정 상태는 어려울 수밖에 없다. 학생 1인당 고등교육 공교육비는 2011년 9,927달러에서 2017년 1만 633달러로 약간 늘었지만, 같은 기간 OECD 평균 증가액보다 적어서 OECD 평균 대비 비율은 71.1%에서 65.1%로 낮아졌다(한국대학교육협의회, 2020).

2017년 고등교육 부문에서 우리나라 학생의 1인당 공교육비 수준은 OECD 국가 38개국 가운데 28위이며, 학생 1인당 공공재원 투입액은 미국 · 영국 · 프랑스 · 캐나다 등의 50%에도 미치지 못했다(서지영, 2021). 그 결과 2017년 우리나라의 GDP(국내총생산) 대비 정부 재원 고등교육 공교육비 비율(0.6%)은 OECD 국가 평균(1.0%)보다 많이 낮은 반면 민간재원의 고등교육 비율(1%)은 OECD 평균(0.4%)의 2배가 넘었다(교육부, 2020.9.8.).

[표1] 고등교육 부문 투자 현황 국제 비교(단위, $, ppp 환산액)							
구분	OECD 평균	한국	미국	캐나다	영국	일본	프랑스
학생당 고등교육 공교육비	16,327	10,633	33,063	24,671	28,144	18,839	16,952
학생당 공공재원 투입액	11,102	4,041	11,572	13,322	7,036	5,840	13,053
©OECD(2020), Education at a Glance. 서지영(2021) 재인용.							

이러한 대학 재정의 악화는 사립대의 교육 여건 부실화를 초래한다. 교육 여건 투자 비용은 교비회계의 학생지원비, 기타학생경비, 연구비, 실험실습비, 기계기구매입비, 도서구입비 등이

포함되는 것인데, 사립대 교비회계 중 교육 여건 투자 규모는 2011년 1조 7680억 원을 정점으로 반값 등록금 이후 줄기 시작해서 2013년 1조 6826억 원, 2015년 1조 5850억 원, 2017년 1조 6191억 원, 2019년 1조 5113억 원으로 감소 추세를 보였다.

이로 인해 2019년 사립대의 교육 여건 투자 규모를 보면, 2011년에 비해 학생지원비를 제외하고는 연구비, 실험실습비, 기계기구매입비, 도서구입비가 16.3~23.9% 감소했다. 연구비는 가장 많은 23.9%나 줄었다. 대학들이 매년 구입하는 전자저널은 연구를 위해 매우 중요하다. 그런데 대학들이 매년 외국에서 구입하는 전자저널 이용료는 외국 대형 독점업체들의 가격 인상으로 2008년 565억 원에서 2016년 1563억 원, 2019년 1623억 원으로 증가했다. 많은 대학이 도서관 예산이 부족해서 이를 감당하지 못하는 실정이다. 2021년 전체 대학의 13%만이 대학도서관의 전자저널 예산을 늘렸을 뿐이며 35%는 감축하고, 46%는 동결했다(황정원, 2021). 결국 대학의 재정적 위기가 국제 평가에도 영향을 미친 것이다. IMD 평가에서 우리 대학의 교육 경쟁력 순위가 떨어지고 있는 것이 그 증거다(박정수, 2020).

[표2] 2011년과 2019년의 사립대학 교육여건 투자규모 증감 현황(단위, 억 원, %)								
구분	등록금과 수강료수입	학생 지원비	기타 학생경비	연구비	실험 실습비	기계기구 매입비	도서 구입비	소계
2011년	110,285	3,133	1,871	5,397	2,145	3,622	1,511	17,680

2019년	104,846	3,328	1,737	4,109	1,796	2,928	1,215	15,113
증감액	-5,439	195	-134	-1,288	-349	-694	-296	-2,567
증감비율	-4.9	6.2	-7.2	-23.9	-16.3	-19.2	-19.6	-14.5
©황정원(2021) 재인용								

국내 주요 대학의 학생 1인당 교육비 수준을 주요 외국 대학과 비교하면 열악한 상황을 쉽게 알 수 있다. 2021년 타임스고등교육(THE)의 세계 대학 평가에서 200위 이내인 국내 5개 대학과 미국 대학 평가 상위 대학을 비교하면 스탠퍼드대학이 연간 약 1억 1000만 원, 예일대학이 약 9600만 원, MIT가 약 8900만 원이었다. 그러나 국내 대학은 포항공대(약 1억 200만 원)를 제외하고는 서울대 약 4800만 원, 연세대 약 3000만 원, 성균관대 약 2700만 원, 고려대 약 2500만 원으로 미국 대학과 큰 차이가 있었다(황정원, 2021).[4]

17대 국회 이후에는 내국세의 일정 부분을 재원으로 하는 고등교육재정교부금법안 법의가 발의되기도 했다. 대학은 물론 대학 노조와 교육기관에서도 이를 강력히 요구했으나 해당 법이 제정되지는 못하고 있다. 이 법이 제정되지 못하는 표면적인 이유는 연간 최소 5조 원 이상 소요되는 재정 부담이지만, 설립자가 자기 책임으로 운영하는 것이 원칙인 사립대의 운영비에

---

4 국내 대학들의 학생 1인당 교육비는 2019년 기준 대학정보공시 자료이다. 미국 대학들의 학생 1인당 교육비 자료는 2020년 기준이다.

세금을 지원하는 것은 원칙에 위배된다는 고정관념이 정부 내에서 강하기 때문이다(정원창, 2021).

그러나 세계적인 추세를 보면 많은 선진국에서는 대학의 재정 확보를 위해 대학의 경영 역량을 강화하는 추세다. 대학의 핵심 기능을 교육과 연구로 보던 전통적인 시각에서 탈피해서 경영까지 대학의 핵심 역량으로 간주하고 있다. 고등교육의 질을 높이고 경쟁력을 확보하기 위해서는 대학 재정 확대가 무엇보다 중요하기 때문이다.

너무 높은
우리나라 사립대학의 비율

　우리나라 대학 혁신에 있어 또 다른 걸림돌은 전 세계에서 비슷한 국가를 찾기 어려울 만큼 높은 사립대학의 비율이다. 전체 대학생의 약 80%가 사립대학을 다니고 있는데 이 중 일반 대학이 약 80%, 전문대학이 약 90%다. 신자유주의경제의 총본산인 미국도 단지 25%의 학생이 사립대학을 다니고 있으며, 영국에는 사립대학이 버킹엄대학 등 4개에 불과하다.

　물론 전 세계 기준과 큰 차이가 있다 해도 사립대학 주도의 고등교육 그 자체가 잘못된 것은 아니다. 문제는 우리나라 사립대학을 지배하는 사학재단의 성격이 법적으로는 비영리법인이지만, 학교 발전이라는 명분 아래 자산 확대, 수익 창출과 같은 이해관계가 교육을 통한 인재 양성과 연구를 통한 지식 창출이라는 대학의 본질에 우선하는 사례가 많다는 점이다. 'World University News'는 미국의 영리 목적 대학을 비판하는 기사에서 영리 목적 대학이 고등교육을 지배하는 나라로 브라질, 폴란드, 한국을 적시하기도 했다.

실제로 사립대의 경영 문제에 대해 부정적인 국민 여론도 적지 않다. 한국교육개발원의 2020년 국민 여론조사(임소현 외, 이정우, 2020)를 보면, 정부의 사립대 지원 확대 정책에 54.3%가 반대하고, 찬성은 22.3%에 불과했다. 대학생 자녀를 둔 학부모들조차 반대 의견이 훨씬 많았다. 그 이유는 대학 경영에 대한 불신이 많기 때문이다. 일부 사립대 설립자들의 회계 비리나 교비의 편법 사용 등 사회적으로 용납하기 힘든 사건들이 종종 터지면서 사립대 경영에 대한 사회적 시선이 곱지 않다.

이런 문제의 원인을 1945년 해방 이후 토지개혁 아래 부의 보존을 위해 지주들이 사립대학을 설립한 데서 찾을 수 있다. 일제강점기 교육관계자들은 일본이 남긴 적산을 입수하기 위해 사립대학을 설립하기도 했다. 명확한 교육목표를 갖고 설립된 전문학교가 사립대학으로 전환되기도 했지만, 재산 유지와 확장을 목표로 설립된 사립대학의 경우 설립자들은 대학을 사유재산처럼 생각할 수밖에 없었다. 정점은 1995년 5.31 개혁 이후 도입한 대학설립준칙주의였다. 이를 재산 보존과 증식의 기회로 인식한 자산가들이 사립대학을 설립했다. 정부는 급증하는 대학 진학 인구를 수용하기 위해 일반대학 52개, 대학원대학 46개, 전문대학 9개의 설립을 허용했으며, 이는 전체 대학의 약 1/3에 해당하는 규모였다. 고등교육의 중요성을 인지하고 있던 우리나라 정부는 대학을 세울 재원이 부족한 상황을 타개하고자 해방 이후 그리고 1995년 이후 민간자본을 고등교육으로 끌어들이기 위해 다양한 인센티브를 제공하여 사립대학 설립을 지원했고, 이는 현재 전체 대학생의 80% 이상이 사립대학을 다니는 비정상적인 구조로 귀결되었다.

이런 사립대학 중심의 현실은 대학의 혁신을 지원하는 정부의 재정지원 확보나 대학의 본질에 충실한 지배구조 확립이 어려운 상황을 야기하고 있다. 21세기 우리나라 대학 혁신은 이런 현실을 제한 조건으로 인정하고 추진해야 하는 어려움을 가진다. 그러나 한편으로는 사학재단이 갖고 있는 소유 의식과 재산 보존의 욕구가 생존을 위한 과감한 혁신의 추동력을 제공할 수 있다는 역설적인 기대도 가능할 것이다.

학령인구 감소로
벼랑 끝에 몰린 대학

급변하는 교육 환경 속에서 출산에 의한 학령인구 감소 또한 우리 대학들, 특히 지방대들을 더욱 벼랑으로 몰아가고 있다. 저출산은 많은 선진국의 공통 문제이지만 우리나라 역시 빠르게 진행되면서 신입생을 충원하지 못하는 대학이 늘고 있다. 교육부에 따르면 2021학년도 331개 대학·전문대의 모집 인원은 47만 3,189명이었으나, 충원률은 91.4%(43만 2,603명)에 불과했다. 미충원률은 수도권 5.3%, 비수도권 10.8%로 지방대가 더 큰 타격을 입었다. 2024년에는 대학 학령인구가 37만 3,000여 명까지 줄어들 것으로 예상된다. 그러면 올해 입학 정원 기준으로 미충원 인원은 10만 명까지도 늘어나게 된다. 학생이 줄어들면 재정 압박이 심해지고 결국에는 문을 닫을 수밖에 없다.

한국대학교육협의회가 2018년 한국의 대학 총장들을 대상으로 설문 조사한 결과, 우리나라 고등교육 위기의 핵심 요인에 대해 '학령인구 감소에 따른 등록금 등 재정수입 하락'(82.9%, 112명 복수 응답)이 가장 많았다.

[그림 2] 대학 총장들이 생각하는 한국 고등교육 위기의 핵심 요인

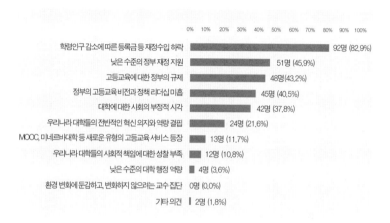

ⓒ한국대학교육협의회 조사분석팀(2018).
고등교육정책 환경 및 주요 정책에 대한 대학 총장의 인식

학령인구 감소로 지역의 우수한 고등인력 양성 체제도 무너지고 있다. 2021학년도 대학 입시에서는 지방 거점 국립대의 합격선이 크게 낮아지며, 지원자 전원이 합격한 학과들도 속출했다. 지방 거점 국립대조차 원서만 내면 합격하는 세상이 된 것이다(매일경제, 2021.7.16.). 학생들의 서울 소재 대학 선호 현상과 학령인구 감소가 만들어낸 이상 현상이지만, 동시에 국립대들도 우수한 학생들을 유치하기 위해 충분한 노력을 했는지 반성

할 필요가 있다.

정부도 학령인구 감소에 대비해서 대학 구조조정 등 대응책을 추진해왔다. 지방대와 국가균형발전을 위해 지방대 육성법 제정, 공공기관 지방 이전, 지역인재 채용제도 도입 등의 정책을 펼쳤다. 2021년 교육부는 지방대의 학생 모집에 도움을 주기 위해 수도권 대학의 정원도 평가를 통해서 감축하기로 했다. 그러나 이런 정책적 노력으로 학령인구 감소라는 거대한 물결에 버틸 수 있을지는 의문이다. 이미 "지방대학은 벚꽃 피는 순서대로 망한다"는 말이 나올 정도다. 앞으로도 문을 닫아야 하는 대학이 부쩍 증가할 것으로 예상된다. 실제로 2000년 이후 학생 미충원과 재단 비리 등의 이유로 강제적으로 또는 자진 폐쇄 형태로 문을 닫은 지방의 일반대, 전문대, 각종 학교는 16개에 이른다(미래한국, 2021.7.7.). 이런 상황에서는 인식의 전환과 파격적인 대책이 필요하다. 그렇지 않으면 피해는 결국 대학 구성원, 즉 교수와 학생들, 나아가 우리 사회로 돌아간다.

우리에 비하면 일본 사립대들은 사정이 나은 편이다. 일본은 우리나라와 대학 구조가 가장 유사한 국가다. 1990년대 초 대학설립기준완화 정책으로 4년제 대학이 1992년 523개에서 2019년에는 792개(국립 86개, 공립 93개, 사립 613개)로 52.3%나 증가했다. 이 중 사립대가 77.4%이며, 전체 대학 중 재학생 2,000명 이하의 소규모 대학이 55%이다. 반면 18세 학령인구는 1992년

205만 명에서 2019년에는 118만 명으로 줄었다. 2030년에는 105만 명, 2040년에는 88만 명까지 감소할 것으로 예상된다. 그럼에도 2000년대 들어 폐교한 대학은 10여 개에 불과하다.

일본에서 사립대의 약 30%가 입학 정원을 채우지 못하는 상황은 10여 년 전부터 지속되고 있다. 그럼에도 대다수 사립대가 경영을 유지하는 배경은 첫째, 일본 정부의 등록금 규제가 없는 점, 둘째로 대학이 경영전략, 교육과정 질, 교육성과 관리 체계를 잘하고 있다는 점, 셋째로 지역별로 구축된 대학 컨소시엄, 넷째로 사학진흥조성법에 의한 사립대학 경상비지원제도에 있다. 1976년부터 시행되고 있는 사학진흥조성법의 핵심은 모든 사학법인에 교육, 연구, 인건비, 복리후생비 등 11개 항목에서 경상비의 50%를 보조할 수 있다는 것이다. 문부과학성의 2021년도 고등교육 예산 2조 2398억 엔 중 사학조성 예산이 18%인 4094억 엔이다. 2020년에는 577개 4년제 대학이 학교당 약 5억 500만 엔, 학생당 14만 3,000엔을 지원받았다. 문부과학성은 사립대 경상비지원제도에 대해 사립대는 고등교육기관과 학생 수의 80%를 담당하면서 고등교육 기회 제공에 큰 기여를 했고, 향후에도 이런 역할을 수행하려면 기반 경비가 필요하다는 입장이다(정원창, 2021).

가치가 살아 있는 대학,
비전이 있는 대학

　우리나라에서 대학은 개인의 행복은 물론 사회의 발전을 이끌어온 엔진이었다. 해방 후, 우리 사회와 대학은 같은 성장과 발전의 궤적을 그리며 조응해왔다. 대학은 질 높은 교육으로 사회 발전을 이끈 지도자와 건전한 시민을 키워냈고, 산업의 성장을 뒷받침하는 인재를 길러냈다. 대학의 경쟁력이 국가의 경쟁력이었던 셈이다.

　그러나 오늘날 대학은 심각한 도전을 맞고 있다. 과거에는 대학이 우리 사회의 개인에게 중요한 존재였으나 4차 산업혁명이 진행되고 지식의 변화 속도가 빨라지면서 대학 간판보다는 실력이 중요한 사회가 되고 있다. 우리나라에서 블라인드 면접을 보는 기업과 기관들이 늘고 있는 것도 실력 중시 사회로 이동하고 있음을 의미한다.

　이제 새로운 성장과 발전을 위한 길을 찾아야 한다. 대학을 둘러싼 환경이 급격히 변하고 있고, 대학을 지탱해온 과거 패러다임이 이제는 유효하지 않다. 표준화된 획일적 교육과 학생을 전공과 학과에 묶어두는 폐쇄적 교육체제는 새로운 세대에게 통하지 않는다. 온 사회를 휩쓰는 디지털 혁신을 진취적으로 받아들이지 않으면 미래를 꿈꿀 수 없을 뿐더러 혁신의 대열에서 낙오할 수 있다.

새로운 학습 수요를 맞아 혁신으로 무장한 대학 밖 교육 공급자들은 고등교육 시장에서 대학의 독점을 무너뜨리고 있다. 학점과 학위를 파는 비즈니스만으로는 버티기 힘들다. 대학은 기존의 다른 대학뿐만 아니라 전혀 다른 사회 환경과 새로운 고등교육 시스템과 경쟁해야 한다. 이 속에서 살아남기 위해서는 4차 산업혁명 시대에 맞는 통찰과 실천이 필요하다.

더구나 우리나라의 경우 고등교육정책과 환경이 매우 경직되어 있기 때문에 대학들이 유연하게 대처하기 어려운 상황이다. 사립대가 스스로 문을 닫고 싶어도 대학의 기본재산 매도와 증여 등은 정부 승인을 받아야 가능하기 때문에 대학의 자발적인 구조조정에도 한계가 많다. 18~19대 국회에서 대학의 자발적인 폐교와 설립자의 투자 재산 회수를 허용하는 법을 만들자는 발의도 있었으나 사학 설립자들이 악용할 우려가 있다는 반대 의견으로 제정되지 못했다.

융합과 연결을 특징으로 하는 4차 산업혁명 시대에는 빠른 변화에 신속하게 대응하는 유연한 능력이 매우 중요하다. 이런 시대에 정부가 주도하는 대학 정책이 언제까지 유효할지도 의문이다. 잘못한 대학은 엄격하게 처리하되 대학들이 급변하는 환경에 잘 대응하게끔 역량을 키워주는 환경을 조성할 필요가 있다.

그렇다고 환경만 탓해서는 살아남기 어렵다. 정부의 재정지원 확대와 규제 완화도 위기 극복을 위한 '필요조건'일 뿐이다. 거센 도전에서 살아남기 위한 '충분조건'은 대학의 철저한 변화이다. 놀랍게 변화하는 환경에 좀 더 능동적으로 대응하고, 뼈를 깎는 혁신과 체질 개선이 있어야 한다.

궁극적으로 이를 가능하게 하는 것은 대학이 추구하는 가치와 비전이다. 대학도 살아 움직이는 유기체이기 때문이다. 미네르바대학이나 애리조나주립대학이 대학 혁신의 상징으로 주목을 받는 이유도 그들이 추구하는 교육 비전과 가치가 분명하기 때문이다.

대학에서 가치와 비전이 중요한 이유는 중요한 의사결정을 내릴 때 활용하는 판단 준거가 되고, 대학의 성과를 평가하는 기준이 되기 때문이다. 또한 대학 구성원이 공유하는 비전과 가치는 구성원의 마음을 하나로 모으고, 행동을 유도하며, 조직을 위해 헌신하게 하는 힘을 발휘한다. 우리 대학은 지난 몇 년 동안 학생 수 감소와 구조 개혁이라는 혹독한 경험을 했다. 이제

대학은 진지한 '성찰'과 '혁신'으로 미래를 준비해야 한다. 그 중심에는 교육기관으로서 대학의 가치와 정체성을 되찾고, 사회적 책무를 다하겠다는 책임감이 있어야 한다.

2. 세계 고등교육은
어떻게 혁신해왔을까

근대대학
모델의 탄생

한국의 교육수준은 확실한 양적 성장을 이뤄왔지만, 고등교육의 경쟁력 면에서는 여전히 취약한 상황이다. 인재 양성은 한국 사회의 고부가가치를 창출할 수 있는 중요한 과제이기에, 이를 이끌어갈 수 있는 대학의 혁신이 중요한 시점이다. 그렇다면 고등교육의 혁신을 성공적으로 이뤄낸 다른 세계 고등교육은 어떻게 변화해왔을까?

국가 주도의 근대대학 모델은 독일에서 시작되어 유럽과 미주를 넘어 전 세계로 퍼져나갔다. 독일은 1870년 보불전쟁을 통해 세계사의 전면에 등장했다. 보불전쟁은 1800년을 전후로 대학 혁신에 앞장섰던 독일과 프랑스의 국가 개조 결과의 시험무대였다. 독일이 프랑스를 패퇴시킬 수 있었던 것은 베를린대학으로 대표되는 대학들이 비스마르크와 같은 인재들을 키워내고, 이들이 국가와 행정을 책임지면서 대학의 과학기술에 기반해 무기 체계를 혁신하고 군사력을 강화한 덕분이었다. 보불 전쟁의 결과는 독일 대학의 혁신이 프랑스 대학의 혁신을 이긴 것이었고, 이를 통해 독일인들의 염원인 통일을 이루게 되었다.

　독일에 근대대학이 태동하게 된 계기는 프랑스혁명과 나폴레옹군에 맞섰던 프로이센군의 처절한 패배였다. 18세기 유럽의 신흥 강국으로 떠오르던 프로이센은 무능했던 빌헬름 2세와 빌헬름 3세 치세 이후 1806년 나폴레옹군에게 정복당했다. 이후 1807년 틸지트조약으로 영토의 절반을 잃고 막대한 보상금을 지불했다. 프로이센은 대영 무역 금지, 프랑스군의 주둔 등 프랑스의 지배를 받는 실질적인 속국으로 전락하게 된다. 다행히 프로이센에는 유능한 인재들이 있었다. 재상 하이덴베르크 등이 국가 개조를 위한 근대화 혁신을 주도했고, 극작가 클라이스트와 같은 열정적인 애국자들이 국가주의를 고취시켰다.

　18세기에 이미 독일에서는 근대대학의 혁신이 이뤄지고 있었다. 괴팅겐대학, 할레대학, 예나대학, 하이델베르크대학, 쾨니히스베르크대학 등이 그 사례였다. 이런 상황 속에서 교육부장관이었던 빌헬름 훔볼트는 이성의 확대라는 계몽주의 세계관을 기반으로 1809년 교육과 연구를 통합하는 새로운 국가 주도 근대대학 모델을 제시했다. 18세기 독일 대학들의 내부 혁신 과정에서 시도되었던 여러 장점을 통합한 것이었는데, 프로이센 정부는 이를 적극 수용했고 1810년 베를린대학이라는 이름으로 새로운 대학이 설립되었다. 훔볼트는 지식은 정형화된 것이 아니라 끊임없이 변화하며 새롭게 생성된다고 믿었고, 실험과 세미나 그리고 논문 보고 중심으로 커리큘럼을 재편했다. 실험실과 세미나를 두 축으로 하는 연구가 대학의 주요 역할로 정착하자 교수를 임용할 때도 연구 능력을 중요하게 생각했고, 이는 다시 대학의 연구 기능을 강화하는 방향으로 선순환 구조를 만들어냈다. 훔볼트는 다음과 같이 주장했다.

"교수는 단지 가르치는 사람이 아니고, 대학생은 단지 배우는 사람이 아니다. 대학생은 스스로 연구를 수행해야 하며, 교수는 학생의 연구를 도와야 한다."

현재 대학의 모습과 직접 연결되는 근대대학의 원형이 설립된 것이다. 그러나 혁신적인 독일 근대대학의 이면에는 대학은 국가의 것이며, 국가의 기관으로서 국가를 위해 봉사해야 한다는 암묵적인 동의가 기반되어 있었다. 실질적으로는 국가주의와 제국주의를 바탕으로 애국심으로 무장한 인재 양성이라는 시대적 요청을 충실히 수행하는 교육기관이 탄생한 것이다.

이렇게 독일을 시작으로 국가 주도 근대대학 모델은 유럽, 미주, 터키, 인도 등에 설립되기 시작했고, 일본의 제국 대학도 이를 모방하여 설립되었다. 19세기 중반부터 독일의 대학에는 전 세계의 인재들이 모여들었고 명실상부한 '세계 학문의 중심지'라는 위상을 갖게 되었다.

비생산, 비실용적인
대학의 쓸모

19세기 중반까지 2류 국가에 불과했던 미국은 남북전쟁 이후 유럽을 압도하는 경제성장을 시작했고 대학의 모습도 획기적으로 변화시켜갔다. 새로운 시도에 두려움이 없던 미국의 대학들은 사회의 시대적 요구를 반영하며 지속적으로 혁신해왔다. 미국은 자유를 찾아 신세계로 건너온 이주자들의 국가로서 자유시장경제의 수용, 새로운 시도에 두려움이 없는 프론티어 정신 그리고 실용주의와 개인주의를 그 세계관으로 삼았다.

즉각적이고 가시적인 성과를 보이기 어려운 고등교육에 대한 비판은 사실 미국에서 뿌리 깊은 역사를 가지고 있다. 19세기에 자유교양교육 중심의 고등교육에 대한 비판이 일었고, 미국 정부는 모릴 법안을 통해 산업 인력에 대한 고등교육 제공이라는 실용적인 미국식 대학 모델을 제시했다. 이렇게 설립된 주립대학들은 남북전쟁 이후 급격한 산업화에 필요한 인력 수

급을 담당했다. 당시 산업자본가들의 고등교육에 대한 비판이 있었지만, 존스홉킨스대학의 대니얼 길먼 총장과 하버드대학 찰스 엘리엇 총장이 대학원의 도입과 연구, 교양교육, 전문직업 교육을 합친 통합형 교육 모델을 선보이며 위기를 기회로 바꾸었다.

20세기 초반에는 프레드릭 테일러의 과학적 관리 이론이 사회 전반에 파급되어 대학교수들의 낮은 생산성이 비판을 받게 되었다. 그러자 이에 대항하기 위해 존 듀이를 비롯한 최고의 지성들은 1915년 미국대학교수협회를 조직했다. 그들은 학문의 가치와 자유의 의미를 전파하고, 마침내 종신임용제를 쟁취했다. 산업자본이 대학을 포획하려는 시도와 실용주의라는 이름으로 포장된 배금주의로부터 대학의 자율성을 지켜낸 역사적 성취였다. 두 차례의 세계대전을 거치며 대학이 이끌어온 '비생산적'이고 '비실용적'인 과학 발전의 엄청난 가치를 인지한 미국에서, 100여 년에 걸친 대학의 무용론 논쟁은 대학의 완벽한 승리로 마무리되었다.

1970년대 이후에는 미국 정치 지형의 변화와 경제 상황의 악화로 미국 대학에 새로운 위기가 시작되었다. 신자유주의의 대두 속에 정부의 교육 재정지원이 크게 축소되었고, 1983년[5]

---

5   US News and World Report가 처음으로 미국의 대학 평가를 시작했다.

이래 대학들은 순위 경쟁에 매몰되어 교육과 관련 없는 투자에 몰두했으며, 지속적으로 증가하는 대학생 수로 인한 대학의 재정 악화는 등록금의 급격한 인상으로 이어졌다. 이로 인해 대학생들은 재정적인 위기에 몰리게 되었고, 신자유주의 진영에서 지원하는 영리 목적 대학들의 확장으로 인해 고등교육의 공적기능마저 취약해지는 심각한 위기에 접어들었다.

그러나 미국의 주요 대학들은 공립대학과 사립대학의 구분 없이, 지역사회의 학외자로 구성된 이사회가 대학 지배구조의 정점에서 대학의 공적 기능을 흔들림 없이 수호하고 있다. 또한 축소되었다고 하더라도 미국 정부의 고등교육 재정지원은 여전히 OECD 국가 중 최상위권이다. 등록금 수입과 기부금 등 민간 지원 금액을 포함하면 미국의 고등교육 지출 규모는 압도적인 세계 1위[6], GDP 규모 대비 고등교육 지출 비율 역시 세계 1위, 대학생 1인당 지출은 룩셈부르크 다음으로 세계 2위에 이른다.

더불어 미국 대학의 재정을 지탱하는 핵심이 되는 축은 놀랍게도 민간 기부금이다. 성공한 자산가라면 대학에 기부하는 것을 전통으로 여길 만큼 19세기 이래로 수많은 기부금이 대학에 제공되어왔다. 철강왕 앤드류 카네기, 석유왕 존 록펠러, 철도

6 2015년 기준 미국의 고등교육 비용 규모는 6230억 달러로 해당 연도 우리나라 예산 376조 원의 약 2배에 달하는 금액이다.

재벌들인 코르넬리우스 밴더빌트, 존스 홉킨스, 릴랜드 스탠퍼드는 자신의 이름을 따르는 대학들을 설립하고 지원해 세계 최고의 대학들로 육성했다. 이외에 J.P 모건은 컬럼비아대학과 하버드대학 의과대학에, 코닥의 창업자 조지 이스트만은 시카고대학에 막대한 기부를 해서 세계적인 대학으로 성장시키는 데 큰 기여를 했다. 이런 전통은 현재까지 이어져 미디어 재벌 마이클 블룸버그는 2018년 자신의 모교인 존스홉킨스대학에 18억 달러 기부를 약정했다.

같은 해 미국 대학에 기부된 민간 기부금 총액은 467억 달러[7]였다. 이는 2018년 우리나라 고등교육 예산인 9조 4000억의 5배가 넘는 금액이다. 2019년 US News의 대학 평가에서 140위였던 루이지애나주립대학도 약 9억 달러의 기부금을 보유하고 있으며, 이는 우리나라 주요 대학의 기부금 규모를 크게 상회하는 금액이다. 성공한 자산가들의 막대한 대학 기부에는 연간 총소득의 50%까지 소득공제를 허용하는 세제 혜택도 중요한 요인이다.

---

7   The Wall Street Journal(2019.2.11.), "Giving to Colleges Jumps 7.2% to Record $46.7 Billion"

21세기 고등교육
혁신의 사례

미국

미국의 주요 대학들은 건전한 지배구조와 단단한 재정구조를 기반으로 새 시대를 대비하는 혁신의 경쟁 속에서 미래를 준비하고 있다. 학내의 모든 정규 강좌를 온라인으로 제공하는 MIT의 OCW(Open Course Ware), 애리조나주립대의 학부 교육 혁신, MBA 과정을 모두 온라인으로 바꾼 일리노이주립대와 같은 대형 대학들의 움직임도 중요하지만, 더욱 주목해야 할 시도들은 재정적으로 단단하고 적은 수의 학생을 지닌 소규모 대학들의 빠르고 과감한 혁신적 움직임이다. 마치 어떤 산업 분야를 혁신하는 벤처기업들처럼 대형 대학들은 시도하기 어려운 교육방식과 대학 운영의 전면적인 혁신을 통해 미국 고등교육에 다양성과 역동성을 제공하고 있다.

2013년에 설립된 미네르바대학교와 1997년에 설립된 올린공과대학은 각각 학부 교육의 새로운 방식과 공과대학의 나아 갈 방향을 제시한다고 평가받고 있다. 국내에 잘 알려진 이들 학교 이외에도 록펠러대학, 쿠퍼 유니온, 더 뉴 스쿨, 뱁슨대학, 채프먼대학, 오자크대학, 흑인 대학의 전통을 유지하고 있는 하워드대학 등은 독자적인 교육목표와 개별적인 역사적 배경을 갖고, 다양한 방식으로 교육방식을 혁신하고 있다. 미국의 4,500여 개 대학은 외부의 교육 혁신을 편견 없이 흡수하는 유연성과 역동성을 지닌다. 이런 혁신은 대학 운영과 교육방식에 대한 규제가 거의 없고, 공개와 경쟁의 시장적 요소가 당연시되는 미국의 고등교육의 자율적인 환경 덕분에 가능하다.

미국의 패권이 21세기까지 흔들림 없이 유지되고 있는 숨은 요인 중 하나는 미국의 한계를 완화하고 해결하는 데 기여해온 대학의 역할이다. '팍스 아메리카'의 정점이었던 1950년대를 지나면서 미국은 흑백 인종 갈등, 68운동, 브레턴우즈 체제 붕괴, 제조업 기반의 경제 침체, 군산복합체의 한계가 드러나면서 서서히 침몰하는 모습을 보였다. 이런 한계 속에서 대학은 미국의 다양성, 역동성, 공정성, 포용성을 유지하는 보루로서 21세기 미국이 더욱 단단해진 패권 국가로 자리 잡는 데 결정적인 역할을 하고 있다.

미국의 대학은 전 세계에서 몰려드는 젊고 우수한 유학생들을 받아들이는 전진기지 역할을 한다. 이들 중 선택된 우수한 인재들은 미국에 남아 다양한 조직에서 핵심 인력으로 활약한다. 특히 대학교수직은 유학생이 많은 직종으로 그 수가 지속적으로 증가하고 있으며, 이들의 75%[8]는 인력 수급이 부족한 STEM 분야 학과에서 근무하고 있다. 베네수엘라 유학생 출신인 MIT의 라파엘 레이프 총장, 인도 출신인 하버드 경영대학원 니틴 노리아 학장 등 주요 대학의 고위 행정직에도 편견 없는 인재가 배치되고 있다. 미국 대학은 어떤 조직보다 차별이 적은 역량 중심의 사회다. 이런 공정성과 수용성 덕분에 세계의 가장 다양하고 우수한 인재를 끌어모으고 있다. 그리고 이로 인해 대학을 더욱 발전시키는 선순환 구조를 확립할 수 있었다. 미국 대학들은 대학의 시대적 역할—지식, 사상, 경험을 연결하고 다양한 인력을 교류하게 하는 플랫폼으로서의 역할—을 충실히 수행하고 있는 것이다. 여러 문제에도 불구하고 미국 대학들이 세계의 교육과 연구를 주도하는 가장 중요한 이유다.

유럽

2차 세계대전 이후 미국과 영국의 대학들에 비해 침체된 상황을 개선하기 위해 유럽 개별 국가의 노력과 유럽연합 차원의 혁신도 진행 중이다. 중세 대학이 시작되었던 이탈리아, 프랑

---

8 HigherEdJobs, 2016, "Foreign-Born Faculty Face Challenges"

스, 독일, 스페인은 정부의 대학 정책 변화를 통한 주요 대학들의 연합 또는 주요 대학들에 대한 집중적인 지원으로 과거의 위상을 찾기 위해 노력하고 있다. 유럽연합은 대학을 통해 유럽을 활력 있고 경쟁력 있는 지역으로 만들겠다는 원대한 구상을 가지고 2000년 유럽 정상들이 모여 리스본 조약을 체결했다. 이를 통해 각국의 연간 연구비를 GDP의 3%(민간 재정 2%, 정부 재정 1%)까지 늘리며, 고등교육 진학률을 진학 연령 인구의 50%까지 끌어올리겠다는 목표를 천명하기도 했다.

유럽연합은 대학을 유럽 내의 연결을 강화하고 경험을 공유하게 하는 학생 교환 프로그램의 거점이자 해외의 우수한 인력이 유입되는 창구로 활용하기 시작했다. 학생 및 교직원 교환 프로그램인 에라스무스 프로그램은 1987년 시작된 이래 900만 명의 학생과 교직원이 참여했다. 학생 교환 프로그램은 학업 또는 인턴십으로 구성되는데, 2012~2013년의 자료를 보면 유럽 전체 대학 졸업생 수의 5%가, 룩셈부르크의 경우 졸업생 수의 35%가 에라스무스 프로그램에 참여했다. 같은 기간 교직원 5만 2,000여 명도 에라스무스 프로그램을 통해 다른 국가에서 강의를 하거나 교육 연수에 참여한 것으로 조사되었다.

에라스무스 프로그램은 대학이 유럽 통합과 인력 교류를 통한 연결의 플랫폼 역할을 해야 한다는 믿음을 정책으로 표현한 것이다. 2014년부터는 에라스무스 플러스라는 이름으로 유럽

연합이 주도하는 모든 인적자원 교환 프로그램을 통합해서 운영하고 있다. 유럽연합은 에라스무스 플러스 프로그램에 2021년부터 2027년까지 300억 유로의 예산을 지원하기로 결정했으며, 2020년에 대학생의 20%가 에라스무스 프로그램에 참여하는 것을 목표로 하고 있다.

1999년에 시작된 볼로냐 프로세스도 주목해야 한다. 이 프로세스는 유럽의 정치, 경제, 사회적 통합을 목표로 하는 유럽연합이 고등교육의 표준화를 통해 유럽의 보편성과 통일성을 증대시키려는 목적으로 시작했다. 이는 유럽 내의 학위 제도의 표준화, 학점 교환체계 구축, 학사 과정과 대학원 과정 연계, 유럽 내 평가 인증체계 확립, 교육 이동 활성화 등을 주요 내용으로 하고 있는데, 2019년을 기준으로 유럽연합 내부와 외부 국가들까지 총 48개국이 참여했다.

볼로냐 프로세스는 학생과 학자들의 유동성을 증가시킬 뿐만 아니라 표준화를 통한 비용 절감, 유럽연합의 고등교육 평가와 인증체계를 구축해 전반적으로 고등교육의 질을 향상시키고 유럽 대학의 경쟁력 강화에 기여하고 있다. 대학 교육 시스템의 통합은 노동시장과 연계되어 유럽의 우수한 인재 유출을 방지하고, 해외 인재를 유인하는 효과를 낳았다. 그 결과 모여든 젊고 능력 있는 인재들이 새로운 지식과 아이디어를 생산하며 유럽의 경쟁력 향상에 기여하고 있다. 볼로냐 프로세스와 에라스무스 프로그램은 유럽 고등교육 혁신의 양대 축으로 서로 상승효과를 일으키고 있다.

싱가포르

아시아 국가들 중 대학 혁신을 선도하는 곳은 바로 싱가포르다. 싱가포르는 다양성과 연결의 플랫폼이라는 대학의 현대적 가치를 정교한 설계를 통해 구현하고 있다. 대학의 목적은 교육을 통한 인재 양성과 연구를 통한 지식 창출이라는 흔들림 없는 철학을 바탕으로, 정부의 재정적·행정적 지원을 통해 다양한 인센티브를 제공하며 여러 국적의 최고 인재들을 끌어모으고 있다. 또한 자율적이고 탄력적인 운영으로 싱가포르라는 작은 국가에 다양성, 역동성, 공정성, 포용성을 확산시켜왔다. 세계적인 기업이라면 아시아 총괄 지사는 싱가포르에 설치하는 것을 당연하게 생각할 만큼 싱가포르를 연결의 중심지로 유지하는 데 대학이 기여하고 있다.

싱가포르는 교육과 연구의 중심지가 되기 위해 해외 주요 대학들 및 연구기관들과 협력 프로그램을 유치해 성공적으로 운영하고 있다. 유럽 최고 경영대학원인 인시아드(INSEAD), 시카고 경영대학원, 호주의 명문 뉴사우스웨일즈대학의 분교를 유치했고, 싱가포르국립대학은 자유교양대학(Liberal Art College) 설립을 위해 예일대학과 협력하여 NUS-Yale을 설립했다. 또한 새로운 의과대학 모델을 만들기 위해 듀크대학과 협력하며 NUS-Duke 를 설립했다.

연구 네트워크 구축은 더욱 적극적이다. 싱가포르 연구재단 은 2007년 CREATE(Campus for Research Excellence and Technological Enterprise)를 설립해 세계 최고의 대학들과 싱가포르의 대학 간 협력 프로그램 운영을 지원하고 있다. 2007년 MIT는 유일한 해외 연구센터를 CREATE에 설립했고, 이후 취리히공대, 뮌헨공대, 베이징대학, 캘리포니아대학 버클리캠퍼스, 케임브리지대학 등도 CREATE에 연구센터를 설립했다.

이와 같이 '다양성'과 '연결'의 중심이 되어야 하는 대학의 현대적 역할을 실현한 싱가포르 대학들은 눈부신 약진을 하고 있다. 싱가포르 국립대학은 중국과 일본의 대학들을 제치고 최고의 아시아 대학으로 인정받고 있으며, 1991년 KAIST를 모델로 설립된 난양공과대학은 전 세계 50위권 대학으로 성장했다.

중국

19세기 말과 20세기 초 미국의 경제성장에 비견될 만한 중국의 경제성장은 고등교육의 육성과 연계되어 있다. 1991년 덩샤오핑이 천명한 211공정은 21세기 대비 100개 대학을 육성하겠다는 프로젝트로 추진되었고, 1998년 장쩌민 주석은 베이징대학 설립 100주년 기념식에서 세계 수준의 대학을 육성하기 위해 9개의 대학에 재정수입의 1%를 투자하겠다는 985공정을 선언했다. 처음에 선정된 이 9개 대학이 미국의 아이비리그를 흉내 내어 C9리그(9교연맹)라고 명명된 베이징대, 칭화대, 푸단대, 난징대, 저장대, 상해교통대, 중국과기대, 하얼빈공대, 시안교통대이다. 이들 주요 대학은 인력 교류와 같은 '연결' 활동과 다양한 목표를 설정하고 중국 대학의 혁신을 주도하고 있다.

21세기에 들어서며 중국의 고등교육 육성책은 더욱 정교해졌다. 대학은 지식을 매개하고 다양한 인력을 연결하는 플랫폼이라는 현대적 가치를 반영한 육성책이 등장했다. 2006년에 후진타오 주석은 세계 100위권 대학에서 1,000명의 인재를 데려와 중국 100개 대학에서 연구하게 하는 111공정을 추진했고, 뒤이어 세계적인 학자 2,000명을 영입한다는 천인 계획, 자국 내 최정상급 연구인력 1만 명을 육성하겠다는 만인 계획 등이 추진되었다. 시진핑은 2012년 중국공산당 18차 당대회에서 주석으로 선출되며 취임 일성으로 "세계 일류대학 육성은 국가 비전 중 하나"라고 공표했고, 이후 세계 최고 명문대학 수준의 재정적 지원이 시작되었다. 2017년 칭화대의 예산 규모는 233억 위안(약 4조 원), 베이징대는 193위안(약 3.4조 원)으로 2018년 하버드대학의 52억 달러(약 6조 원)에 크게 뒤지지 않는 규모로 확대되었다. 같은 해부터 중국 정부는 211공정과 985공정 등을 '세계 일류대학 및 일류 학과 건설 프로젝트(쌍 일류대학 프로젝트)'로 통합하여 진행하고 있다.

중국 대학의 혁신과 육성은 현재 성공적으로 보이지만, 시진평의 장기 집권과 함께 대학의 본질적인 목표에서 벗어나는 역할을 강력히 요구받고 있다. '다양성'을 저해하는 '획일성'과 '전체성'이 강화된 모습으로 퇴화할 가능성이 높아 그 미래가 주목된다.

일본

일본은 1949년 유카와 히데키 교수가 물리학상을 수상한 이래 현재까지 28명의 노벨상 수상자를 배출했다. 2000년 이후 수상자 수가 17명에 달하며, 수상자들 거의 모두가 일본에서 학사부터 박사까지 모든 학위과정을 마친 소위 '토종 박사'였다. 도쿄대, 교토대, 나고야대 등은 여러 노벨상 수상자를 배출한 국제적인 명성을 가진 대학이다. 하지만 이런 화려한 성취와는 달리 일본의 주요 대학에 대한 평가는 점차 떨어지고 있다.

이는 대학의 현대적 의미인 지식을 매개하고 인력을 연결하는 플랫폼이라는 점을 상대적으로 도외시하기 때문인 것으로 판단된다. 일본의 주요 대학 연구실은 도제식 시스템으로 운영되어 교수가 퇴임하면 제자인 후임 교수가 승진해 스승의 연구를 계승하고 지속하는 특징을 갖고 있다. 시스템적으로 후임 연구자를 육성할 수 있다는 수직적 연결에는 장점이 있지만, 외부의 연구진과 수평적으로 연결하는 데는 한계가 있다. 즉 '다양성'을 확보하는 데 매우 취약하다.

인류가 해결해야 할 문제는 대부분 국가의 경계를 초월해 있고, 인류사적으로 의미 있는 학문적 성취는 국제적 연구 네트워크의 일원이 될 때 가능해지는 추세다. 2015년 아인슈타인이 예측했던 중력파를 처음 측정했던 라이고(LIGO, 레이저 간섭 중력파 관측소) 연구에는 전 세계 80여 개 기관에서 1,000명이 넘는 연구진이 참여했다. 대학의 혁신과 육성에 있어 수평적 '연결'의 중요성이 강조되어야 하는 이유 중 하나다.

싱가포르와 중국 대학들의 혁신과 약진에 비교되는 일본 대학들의 침체와 쇠락은 우리나라 대학이 걷게 될 궤적을 미리 보는 듯하다. 일본 대학들의 쇠락은 1991년 대학설치기준간소화가 그 시작이었다. 고등교육에 신자유주의적 접근 방법을 채택한 일본은 사립대학이 난립하는 상황에서도 2000년대 초반까지 새로운 분야에 대한 대응을 명분으로 대학 증설을 허용했다. 그에 따라 대학 진학 인구는 1992년 205만 명을 정점으로 2004년 141만 명까지 감소했으나 대학은 지속적으로 설립되었다. 이는 우리나라에서 대학설립준칙주의와 대학정원자율화로 1997년부터 2003년 사이 많은 대학이 새로 설립된 사실과 정확히 일치한다.

더욱 흥미로운 사실은 일본에서 난립한 사립대학들은 우리나라 사학재단과 마찬가지로 가족 지배형이 많았고, 대학설치기준간소화와 대학정원자율화를 사학재단이 성장할 수 있는 기회로 생각했다는 점이다. 2017년 일본 아베 정권을 뒤흔든 '사학 스캔들'은 아베 총리의 친구가 이사장인 사학재단 가케학원의 산하 지바과학대에 수의학과의 신설을 총리의 압력으로 허용했다는 의혹이었다. 이는 일본 사학재단의 성격을 명확하게 드러내는 사건이기도 하다. 대학의 본질인 고등교육을 통한 고급 인재 육성과 연구를 통한 지식 창출에 우선하는 이해관계는 결국 대학을 무너뜨린다는 사실을 보여주는 셈이다.

시대적 소명에
응답하는 대학 혁신

앞에서 살펴본 바와 같이 대학의 혁신은 해당 국가가 처한 시대적 소명에 응답하는 고등교육기관의 변화 과정으로도 정리할 수 있다. 즉 21세기 대학의 혁신은 교육을 통한 인재 육성과 연구를 통한 지식 창출과 확산이라는 본질에 충실하면서 지식과 사상, 인재와 경험을 매개하며, '다양성'을 담는 '연결'의 '플랫폼'이라는 대학의 현대적 의미를 이해하고 발전시켜가는 과정인 것이다.

이 세 가지 키워드는 대학이 키워낼 21세기 인재상과도 이어진다. 개인 내부에 다양한 지식과 사상을 축적하고 이들을 연결·조합할 수 있으며, 소통하고 공감하는 능력을 통해 타인의 다양한 지식과 사상을 공유·활용할 수 있고, 이런 다양성과 연결 능력을 통해 어떤 상황에서도 흔들리지 않고 탄력적으로 해결책을 찾는 플랫폼과 같은 인재, 즉 '다양성', '연결', '플랫폼'

으로 설명 가능한 혁신 대학의 모습을 내재화한 학생이 21세기 대학이 키워낼 인재의 모습인 것이다.

대학은 혁신을 위해 각각 처한 상황이나 조직의 장단점을 분석해 다양한 연결 활동들의 우선순위를 정하고 제한된 재원과 인력을 할당해야 한다. 또한 해당 연결 활동을 촉진하는 행정적 수단을 실행해서 성공적인 플랫폼을 만들어가는 노력이 필요하다. 정부는 이런 대학 혁신을 뒷받침하는 재정적 지원, 건강한 지배구조 지원, 해당 활동에 적절한 인력이 모일 수 있게 행정적 지원을 하면 된다. 일견 단순해 보이는 대학 혁신이 어려운 이유는 기존의 익숙한 체계를 변화시키는 과정은 항상 고통을 수반하고, 많은 경우 대학의 본질과 일치하지 않는 이해관계가 개입되기 때문이다. 대학 혁신이 수월하게 진행되어온 국가들은 대체로 부유하면서도 대학의 개수가 얼마 되지 않아 집중적인 재정적·행정적 지원이 가능했다. 건강한 거버넌스를 가진 강소 국가들이 이처럼 대학 혁신에 앞장서고 있다.

다양성, 연결, 플랫폼에
집중하라

대학 혁신과 관련하여 해외 상황과 다른 우리나라의 현실도 고려해야 할 것이다. '다양성', '연결', '플랫폼'을 키워드로 하는 대학 혁신을 위해서 어떠한 구체적인 방안이 필요할까?

첫째, 대학의 공공성 회복이라는 비정상의 정상화를 이루기 위한 사립대학 지배구조의 개선이 중요하다. 이를 위해서는 '기업형 비리 사학재단'과 '건강한 사학재단'에 대한 분리 대응이 필요할 것이다. 사재를 투입해 인재 양성과 지식 창출 및 확산이라는 공익에 헌신한 설립자와 그 가족에 대한 존중과 예우도 기업형 비리 사학의 규제만큼 중요하기 때문이다.

이를 위해 사립대학 관련 법령이 개정되어야 한다. 그 핵심 내용은 사립대학의 지배구조에 대한 다양한 선택지가 제공되는 것이며, 이에 따라 교육부의 규제 수준도 다양해져야 할 것이다. 미국의 주요 사립대학처럼 학외자가 지배하는 공공의 성격을 갖는 사학재단들에 대해서는 전통을 존중해 줄 필요가 있다. 동시에 모든 사립대학은 학생 1인당 재단 전입금 수준에 따라 차등화된 규제를 적용해야 한다. 법정 재단 전입금을 충실히 지원해온 사학재단과 정부의 지원금과 학생들의 등록금을 이용해 기업처럼 대학을 운영해온 사학재단은 구별되어야 한다.

둘째, 기업을 통해 큰 부를 일군 기업가나 자산가들이 특화된 분야에서 강소 대학을 설립할 수 있도록 파격적인 법적·행정적 지원을 제공해야 한다. 충분한 재정 확보와 건강한 거버넌스 확립 등 적정한 조건을 만족하는 단단한 강소 사립대학에 대해서는 규제 샌드박스와 같은 특례를 제공하여 교육 혁신, 연구 혁신, 운영 혁신 등 새로운 시도를 할 수 있도록 허용해야 한다. 우리나라 현행법을 따르면 기본 시설이 전무한 미네르바대학은 인가조차 받을 수 없다. 앞으로는 '표준화', '전문화', '획일화'를 특징으로 하는 국가 주도 근대대학의 모습을 극단까지 끌고 나간 우리나라 대학들의 변화를 촉발할 수 있는 혁신적인 강소 대학이 많이 설립되어야 할 것이다. 또한 이런 혁신의 성공적인 결과가 기존 대학에도 확산될 수 있도록 기관 동형화도 적극 활용해야 한다. 생존을 위해 혁신적인 시도를 할 수밖에 없는 사립대학들의 경쟁을 유도할 필요가 있다.

셋째, 1995년 대학설립준칙주의와 정원자율화가 야기한 부실대학 양산, 대학 정원의 수도권 집중, 지방대학의 침체를 해결해야 한다. 이를 위해서는 거점 국립대학의 연합체로 구성된 네트워크 대학, 공영형 사립대학 등과 같은 새로운 지배구조를 하나의 대안으로 검토할 수 있다. 강소 대학이 벤처기업과 같이 빠르고 가벼운 변화를 통해 대학 사회에 혁신의 활력을 불어넣을 수 있다면, 반대편에서는 여러 대학이 연합체로 구성된 대규모 네트워크 대학이 마치 대기업처럼 규모의 경제를 이뤄낼 수 있을 것이다. 강좌 공유, 학점 교환, 학생 교류, 시설 및 장비의 공유를 통해 비용을 절감하면서도 효율적으로 대학 운영을 통한 혁신을 할 수 있다.

한편 공영형 사립대는 국립대학과 사립대학의 중간에 있는 새로운 지배구조를 갖게 될 것이다. 따라서 거점 국립대학에 버금가는 집중적인 재정지원을 통해 수도권과 비수도권 대학 간의 불균형 해소에 기여해야 하고, 지배구조 면에서 다양성 제공과 공공성 회복을 실현해야 한다. 또한 지배구조가 다양해지는 것은 대학 규모와 구조의 다양성으로 이어져야 하며, 궁극적으로는 21세기에 필요한 교육방식과 교육 내용까지도 다양성을 적용할 수 있어야 한다.

넷째, 대학이 다양한 연결의 중심이 될 수 있는 사업에 대한 선택적 재정지원이 필요하다. 학생들에게 연결 능력과 다양한 경험을 제공하는 국내외 인적 교류 프로그램, 한국형 에라스무스 프로그램 설립 등 사업에 대한 지원이 이뤄져야 한다. 성공적이지 못했던 세계 수준의 연구 중심 대학 육성사업을 재시도하는 것도 고려해야 한다. 세계적인 명문대학이 된다는 것은 학문적 연결의 중심이 되는 것이다. 이를 위한 첫 번째 조건이 충분한 재정 투입이라는 것은 수많은 연구를 통해 입증된 사실이다. 스위스, 덴마크, 벨기에, 네덜란드, 스웨덴, 노르웨이 등 유럽의 강소국들은 소수의 거점 대학에 집중적인 행정적·재정적 지원을 제공하고 있고, 그 결과 세계적인 학문적 성과를 도출하고 있다. 3, 4개 소규모 대학에 집중적으로 재정을 투입해 세계적인 연구 중심 대학으로 육성하는 것도 우리나라 대학이 고려할 만한 시도이다.

마지막으로 21세기 대학 혁신의 여정에 있어서 가장 중요한 것은 대학이 국민의 존경과 신뢰를 회복하는 일이다. 자유교양 중심의 대학 교육에 대한 비판에 대하여 새로운 교육체계를 제시했던 미국의 사례처럼 우리도 국민의 입장에서 납득하고 인정할 수 있는 구조적 변화를 시도해야 한다. 이는 고등교육의 완전한 재탄생이라고도 할 수 있을 것이다. 우리나라에도 20세기 초반 미국 대학의 위기에 당당히 목소리를 내던 소스타인 베블런, 업튼 싱클레어 같은 교수들이 필요하다. 대학의 위기에 당당히 목소리를 내어 국민의 존경을 이끌어낸 존스홉킨스대학의 대니얼 길먼 총장, 하버드대학의 찰스 엘리엇 총장과 같은 리더십도 필요하다. 또한 존 듀이 같은 석학의 주도로 설립된 미국대학교수협회처럼 권위 있는 협회도 필요하다. 개별 교수, 대학 리더십, 권위 있는 조직은 대학의 유·무형 가치를 산정하고, 대학의 중요성과 긍정적인 역할을 일반 대중에게 지속적으로 알려야 한다. 국민의 존경과 신뢰의 회복이 대학의 혁신과 상승작용을 이룰 때 우리나라 대학의 혁신은 한 걸음 더 나아갈 수 있을 것이다.

미래 인재를 기르는
새로운 교육의 장

배상훈, 오대영, 장상현

1. 이제 대학은
AI 융합 인재를 양성해야 한다

미래 산업이 요구하는 인재는
AI 융합 인재와 연구 개발 전문가

　연결과 융합을 특징으로 하는 4차 산업혁명 시대에 접어들고 있다. 새로운 시대에 걸맞은 새로운 인재를 키워내기 위해서는 새로운 교육이 필요한데 특히 철저히 준비해야 하는 영역이 바로 AI다. 앞으로의 시대에 특히 필요한 인재는 AI를 각 분야에 잘 융합하거나 AI를 연구·개발하는 전문가가 될 것이기 때문이다.

　독일의 통계 포털 '스타티스타(Statista)'의 2018년 자료에 따르면 미국의 인공지능 전문가는 한국의 10.7배, 중국의 6.8배, 일본의 1.2배 수준이다. 연구 능력 상위 10% 이내 전문가는 미국은 5,158명, 중국은 977명, 일본은 651명이며 한국은 관련 데이터조차 없어서 0명으로 기록되어 있다. 아직까지 우리나라는 AI 분야의 인재를 제대로 양성하지 못하고 있는 것이다. 그래서 한국과학기술원 김정호 교수는 "국가 차원에서 10년 내에 인공지능 우수 인재 10만 명을 육성하는 계획을 제시하고 실행하자"고 주장하기도 한다. AI 인재 10만 양병설이다.

인공지능은 사람이 다 헤아릴 수 없는 수많은 데이터 속에서 규칙을 발견하고 학습한다. 인간이 주입하는 정보뿐 아니라 주어진 정보를 토대로 스스로 학습한다는 점에서 인공지능의 활용도는 점점 높아지고 있다. 특히 전 산업에 걸쳐 수요가 높아지면서 인공지능 전문가는 디지털 관련 산업뿐 아니라 데이터 처리, 자율주행 자동차, 항공기, 법률, 금융, 의료 분야까지 다방면에 걸쳐 활약할 것으로 보인다.

이미 우리는 조금씩 AI를 활용하는 일상에 익숙해지고 있고, 해외에서는 대학에도 AI가 빠르게 도입되며 현장을 바꾸고 있다. 미국 조지아공대, 애리조나주립대, 영국 볼턴대 등에서는 AI가 조교로 설치되어 학생의 질문에 응답하기도 하고, 학생의 학습 능력을 평가하여 개별화된 학습 코스를 제공하기도 한다. 학생의 학사 업무를 지원하는 것도 AI 조교의 역할이다. 이로 인해 학생 교육 서비스의 질이 좋아지고, 교수와 직원의 업무 부담이 줄어들었다는 평이 나오고 있다. AI를 통한 교육 혁명이 교육 판도를 근본적으로 바꿀 것이라고 전망하기도 한다.

미국의 NMC(New Media Consortium)와 CoSN(Consortium of School Networking)이 공동 출간하는 호라이즌 리포트에서도 2019년 고등교육 분야 보고서에서 대학에서의 주요 트렌드 변화로 AI 활용, 학습 공간 재구조화, 온·오프라인 융합 블렌디드 학습 설계, 학습성과 측정 방법의 진화, 학습과 학교 경영 효율화를 위한 새로운 생각, 단기 과정 인정 등을 제시했다.

이렇듯 트렌드에 맞는 새로운 교육이 이뤄지기 위해서는 더욱 확장된 온라인 교육 환경과 빅 데이터, VR, 3D 프린터, 드론 등 첨단 교육 도구 등의 지원도 필요할 것이다. 더구나 COVID -19로 현장 교육 기회가 대폭 축소되고 온라인 교육이 뉴 노멀(New Normal)로 자리 잡기 시작한 만큼 이를 대체할 만한 VR이나 메타버스 기반 프로그램도 개발해나갈 필요가 있다. 실제로 스위스 연구·교육·혁신 사무국(Swiss State Secretariat for Education, Research and Innovation)은 학교와 직장에서의 경험 격차를 줄이기 위해 대학 학과 중 조경, 간호, 의학, 건축, 공학 등의 실습 과목에서 가상현실을 활용한 시뮬레이션 학습 교육 모듈을 개발·보급하고 있다(김정희, 김흔, 2021). 이와 같은 새로운 교육 인프라를 갖추기 위해서는 많은 재정도 필요할 것이다.

우리 대학 교육은 아직 사회 요구에 충분하게 부응하지 못하고 있다. 2020년 한국교육개발원이 성인 남녀 5,000명을 대상으로 우리 교육에 관해 여론 조사 한 결과(임소현, 박병영, 황준성, 황은희, 백승주, 김혜자, 이정우, 2020) '우리나라 대학이 사회가 필요로 하는 인재를 제대로 양성하고 있는가'를 조사한 항목에서 '그렇지 못하다'(37.9%)가 '그렇다'(17.8%)보다 훨씬 많았다. 대학 교육 혁신을 위해 중점적으로 추진되어야 할 1순위 과제를 묻는 항목에서도 '미래 인재 양성을 위한 교육 혁신'(31.1%)이 가장 많았다. '충분한 직무 능력을 갖춘 대졸 인력이 공급되고 있지 않아 상당한 재교육비를 투자해야 한다'는 기업의 불만이 많은 것과 일맥상통하는 부분이다.

4차 산업혁명 시대는 과거와는 전혀 다른 산업구조와 고용구조를 갖고 있기 때문에 대학의 교육과정에도 혁명적인 변화가 요구되고 있다. 자연히 대학의 미래는 새 시대에 맞춘 변화된 교육으로 새 인재를 양성하느냐에 달려 있다. 대학이 공급하는 인력과 산업계가 요구하는 인력의 불일치 현상, Skill-Gap 현상을 줄이는 것이 중요한 과제인 셈이다.

100명의 학생과
100개의 성공 모델

지난 2010년 우리 대학 교육에 큰 경종을 울린 사건이 있었다. 서울에서 개최된 G20 정상회의의 마지막 날, 오바마 대통령이 기자회견장에서 한국의 기자들에게 질문 기회를 줬지만 아무도 질문하지 않아서 중국의 기자에게 발언권이 넘어갔던 일이다. 우리나라 학습 방식이 아직도 지식을 전달하고 그 지식을 암기하여 평가받는 시스템에 머물러 있기 때문에 일어난 현상이다. 학생들이 적극적으로 수업에 참여하는 훈련이 되어 있지 않다는 점을 꼬집는 일화이기도 했다.

제3차 산업혁명으로 탄생한 인터넷은 교수자와 학습자의 관계를 1:N의 관계에서 N:1로 바꾸었다. 즉 학생이 교수자를 선택할 수 있는 패러다임으로 바뀌게 되었다. 엘빈 토플러가 주장했던 인터넷에 의한 권력 이동은 교육 분야에서도 행해졌다. 지식을 독점했던 교수자가 가지고 있던 권력이 인터넷상에 공유

되는 수많은 정보를 통해 학습자에게 이동되는 과정을 보였다.

더욱이 2016년부터 몰아치고 있는 4차 산업혁명의 큰 파도는 또 다른 패러다임 변화를 요구하고 있다. 빅 데이터와 AI 기술은 큰 문명사적 혁신의 도구이지만 사실 우리는 그 변화를 느끼는 데 다소 주저하고 있었다. 그러나 COVID-19는 결과적으로 10년 이상 대학의 변화를 앞당기는 효과를 가져올 것으로 보인다.

시대의 흐름에 맞춰 대학이 혁신하려면 우리 사회를 둘러싼 환경이 어떻게 변화하고 있는지를 명확히 이해하고 이에 민첩하게 대응하는 것이 중요하다. 과거의 관행을 버리고 새로운 변화를 추구하는 용기와 결단도 필요하다. 특히나 학부 교육 패러다임의 전환이 이뤄져야 할 것이다. 앞으로 대학이 마주할 큰 도전은 '맞춤형 학습(Tailored Learning)'또는 '개별화 학습(Individualized Learning)'에 대한 요구다. 여기서 '맞춤'은 두 가지 해석이 가능하다.

먼저 학습 차원에서 보면 학생의 사전 지식과 숙달 수준, 학습 스타일을 살펴보고, 이에 맞춰 다음에 학습할 내용과 방법을 결정하고 시행하는 것이다. 즉 모든 학생에게 동일한 교육을 제공하는 것이 아니라 학생이 현 단계에서 알아야 할 내용을 얼마나 제대로 이해하고 있는지를 파악하고, 그 수준에 맞춰 다음 단계 학습을 진행하는 것이다. '적응형 학습(Adaptive Learning)'의

의미를 가지고 있다. 학생이 다음 단계 학습으로 넘어가기 전에 앞서 배운 내용을 충분히 숙지하도록 한다는 점에서 '완전 학습 (Mastery Learning)'을 구현하는 길이기도 하다.

둘째는 좀 더 큰 관점이다. '맞춤'의 의미를 학생의 꿈, 진로와 부합하는 학습경험을 제공하는 것으로 바라보는 것이다. 성균관대 '학부교육실태조사' 연구팀에 따르면, 한국 학생들은 진로를 바탕으로 대학과 학과를 선택하기보다 성적에 맞춰서 대학에 진학하는 경우가 많았다. 이렇게 되면 공부하는 내용과 진로가 연계되지 않고 '표피적인 학습(Surface Learning)'을 하게 된다. 이런 학습이 계속되면 학교와 교육에 대한 신뢰가 떨어질 수밖에 없다.

이상적인 교육은 학생이 자신의 꿈을 이룰 수 있도록 돕는 것이다. 따라서 맞춤형 교육은 교육적 이상과 부합한다. 이는 공급자가 주도하는 일방적인 지식의 전달이 아닌 학습자의 요구와 진로를 충족하는 교육적 경험이 제공됨을 의미하고, 이런 의미에서 '학생 중심(Student-Oriented) 학습'과 '학생 성공' 시대를 열어가는 첫걸음이기도 하다.

오늘날 맞춤형 교육이 대두하는 주된 이유로 두 가지를 꼽을 수 있다. 우선 맞춤형 학습은 학생 각자의 성장과 발전을 돕고 잠재력을 극대화한다는 의미에서 '교육의 본질'에 부합한다. 하버드대의 토드 로즈 교수가 제기하는 《평균의 종말》에 따르면 지금 교육체제가 가진 문제는 실제로 존재하지 않는 '평균'이란 허상을 만들고, 이를 기준으로 학생을 평가하고 가르친다는 점이다. 학생 각자가 가진 특징, 능력, 잠재력은 '들쭉날쭉'한데 어느 한 가지 특성만으로 학생의 모든 것을 평가하는 것은 불가능할 뿐더러 교육적으로도 타당하지 않다. 나아가 학생이 발휘하는 역량은 그가 처한 환경이나 맥락에 따라 다를 수 있고, 각자 성장하고 발전하는 순서와 속도 역시 다를 수 있으므로 학생에게 나타나는 '개인성(Individuality)'을 존중하고 이를 고려한 학습경험을 제공해야 한다는 것이 그의 주장이다. 100명의 학생이 있다면 100가지 '학생 성공(Student Success)' 모델이 있다는 것이다. 이러한 관점은 이돈희 교수가 《교육정의론》에서 말하는 '유의미한 학습'과도 일맥상통한다. 그는 학생이 충분히 '적응할 수 있는' 교육 기회를 제공하는 것이 정의로운 교육이라고 말했다. 학생의 꿈, 진로, 수준을 무시한 일방적이고 획일적인 교육은 타당하지 않다는 것이다.

맞춤형 교육은 시대적 요청이기도 하다. 나라가 가난했던 시절 우리는 저비용으로 높은 성과를 내야 했다. 빠른 성장과 발전을 원했기 때문에 학생 각자의 특성과 여건을 살피기보다 표준화된 교육체제를 효율적으로 운영하는 것에 국가의 역량을 결집했다. 하지만 세상이 바뀌었다. 교육 수요자가 '90년생' 또는 'MZ 세대'로 바뀌었다는 점을 인지해야 한다. 이들은 자신의 요구와 주장을 분명히 말하고, 실리를 추구하며, 획일적이고 일방적인 가르침과 요구를 좋아하지 않는다. 다양하게 선호하고, 교육에서도 '다품종 소량 생산 시대'를 원한다. 이렇게 볼 때 학습자의 특성과 요구에 맞는 맞춤형 교육을 하는 것은 거스를 수 없는 시대적 요구인 것이다.

'초저출산'이라는 사회 환경도 맞춤형 학습을 요구한다. 저출산에 따라 생산 가능 인구는 줄어도 국가 경쟁력은 유지해야 하고, 이를 위해서는 국민 하나하나가 '일당백(一當百)'의 역할을 해야 한다. 이는 학생 한 명, 한 명을 소중히 대하고, 각자가 가진 잠재력이 최대한 발현되도록 노력해야 한다는 의미다. 이제 국민 한 사람의 성공과 행복 실현이 국가 경쟁력 못지않게 중요한 시대가 되었다. 대학을 비롯한 모든 교육기관에서 맞춤형 교육이 필요한 이유이다.

마지막으로 맞춤형 교육은 대학의 생존 전략이기도 하다. 오늘날 대학이 당면한 냉엄한 현실은 대입 정원과 고교 졸업자 수가 역전되었다는 점이다. 이는 대학이 학생을 뽑던 시대에서 학생이 대학을 선택하는 시대로 바뀌고 있음을 의미한다. 이런 상황에서 대학은 학생 유치를 위해 대학이 가진 모든 역량을 모아야 한다. 어떤 전략이 필요할까? 대학이 어떤 비전을 내세울 때 학생이 대학을 믿고 올까? 대답은 간단하다. 학생 각자의 꿈과 진로에 맞는 맞춤형 학습경험을 제공하고, 이를 통해 학생

성공을 이루겠다는 약속이야말로 학생 유치를 위한 최고의 전략이 될 것이다.

맞춤형 학습 시대를 위한
대학의 준비

맞춤형 교육 시대를 열기 위해 가장 중요한 것은 첫째로 학생 한 사람, 한 사람을 소중히 여기는 캠퍼스 문화를 만드는 것이다. 비록 오래 걸릴지라도 대학으로서 가치를 발휘하고 지속 가능한 발전을 원한다면 이보다 중요한 게 없다.

'학생 성공' 관점에서 대학에서 일어나는 모든 것을 바라보는 패러다임 전환이 필요하다. 학생 선발부터 핵심 역량 정립과 교육과정 편성까지 학생의 관점에서 제도를 만들고 운영하는 것이다. 나아가 캠퍼스 건물, 학생 라운지, 학습과 창작 공간 등 물리적인 환경도 학생의 성장과 발전에 도움이 되도록 세심하게 고려해야 한다(배상훈 외, 2019). 이를 위해서는 대학이 추구하는 '학생 성공'이 무엇인지를 먼저 정립하고 공유하는 것이 필요하다.

둘째로 맞춤형 학습이 이뤄지려면 학생이 가질 수 있는 경험의 폭이 넓어야 한다. 선택 없이 필수로만 채워진 교육과정 체제에서는 맞춤형 학습이 불가능하다. 자신이 속한 학과가 제공하는 수업만을 듣는 학사 모델도 맞춤형 학습을 어렵게 한다. 이런 이유로 프린스턴대 같은 경우는 한 학기에 자신이 속한 학과에서 12학점 이상을 듣지 못하게 하는 제도(the rule of 12)를 운용하기도 한다. 학생이 전공을 넘어 다양한 학습경험을 할 수 있도록 유도하고, 이 과정에서 자연스럽게 맞춤형 학습이 일어나도록 하는 것이다. 이를 위해서는 기존 교육과정의 개편이 필요하다. 그것이 대학 교육 혁신의 핵심이고, 창의 융합 교육을 구현하는 길이기도 하다.

셋째, 학생의 특성과 진로를 객관적으로 진단하고 이에 부합하는 교과목, 비교과 프로그램, 학습 경로를 추천하는 시스템을 만들어야 한다. 예컨대 학생이 희망하는 직업 세계에 이미 진출한 선배들이 공통으로 수강한 과목을 찾아 추천하는 것이다. 한 발짝 더 나아가서 학생에게 진로에 부합하는 부전공이나 복수전공, 비교과 프로그램까지 추천하는 학습 큐레이션을 시작하는 대학도 생겨나고 있다. 이러한 움직임은 대학과 교수자의 역할이 '교육(Teaching)'에서 '지도와 상담(Coaching)'으로 바뀌고 있는 것과도 궤를 같이한다. 이러한 추천 시스템을 운용하기 위해서는 학생의 학습과 대학 생활에 대한 데이터를 축적하는 '데이터 웨어하우스(Warehouse)'를 갖추고, 이를 분석할 수 있는 역량을 갖추는 것이 필요하다. 최근 발전하고 있는 '빅 데이터'와 '학습 분석(Learning Analytics)'은 이러한 맞춤형 학습을 고도화하는 수단이 될 것이다.

AI를 활용한 과학적인
학생지원 교육 서비스

　한 사람 한 사람이 최고의 역량을 갖추도록 교육과정의 변화를 지원하기 위해서는 마찬가지로 AI 기술을 적극 활용해야만 한다. AI 기술을 활용한 학습 분석, 온라인 콘텐츠 제공, 교육 플랫폼 제공 등의 서비스가 활발히 이뤄져야 개별 학생들의 성장을 빈틈없이 도울 수 있다.

　미국도 우리나라와 비슷하게 '높은 등록금', '낮은 학생의 준비도', '낮은 재등록률' 등의 고질적인 문제를 해결하기 위한 방안을 모색했다. 2011년 조지아공대는 미국 대학으로는 처음으로 대학자문위원회에 SW 기업을 포함시켰고, 2012년까지 약 1년간 10년 정도의 가치가 있는 데이터를 수입하고 분석했다. 이를 통해 교육과정 부적응 학생, 성과가 낮은 학생, 중도 탈락 잠재 학생 등을 AI 알고리즘을 활용하여 추출하거나 예측한 다음 관련 교수에게 상담을 권하는 메시지를 발송했다. 그렇게 5

만 회 이상의 학생 상담이 이뤄졌다. 결과적으로 학생의 적응을 돕는 동시에 불필요하게 지출되는 비용도 절감시킬 수 있었던 좋은 사례다. 애리조나주립대학에서는 입학생 중 다수가 대학 수준에 미치지 못하는 준비도를 보였다. 이를 해결하기 위해 학습자 각각의 학습 시간, 참여도, 문제 풀이 과정, 문제의 난이도와 관련성 등을 분석(Learning Analytics)하여 학생에게 적응형 학습(Adaptive Learning)을 제공하는 문항반응모델(Item Response Model)을 적용했다. 이를 통해 기초 수학 과정 이수율이 65%에서 85%까지 상향되었다. 이 역시 학생들의 성공을 위해 빅 데이터와 AI를 활용하여 맞춤 학습을 지원하고 만족도를 높인 사례라고 할 수 있다.

이처럼 학내의 정형·비정형 데이터를 통합하여 학생 중심의 서비스를 제공할 때 빅 데이터와 AI 기술을 활용할 필요가 있다. 이러한 대학의 연구 활동을 IR(Institute Research)이라고 한다(그림 3). 미국은 이미 1953년 이러한 연구를 수행하는 대학협의체(AIR)가 출범했고 하버드대학을 비롯하여 유수의 대학들이 IR센터를 운영하고 있다.

국내 대학들은 정부의 재정지원사업에 대한 의존도가 높다. 그런 연유로 사업마다 데이터가 분절되어 관리되다 보니 통합된 맞춤 서비스를 지원하기는 어려운 상황이다. 일부 대학들이 데이터 통합을 위한 데이터허브센터를 설립하여 데이터사이언

[그림 3] 데이터 통합을 활용한 학생 중심 서비스제공 방안

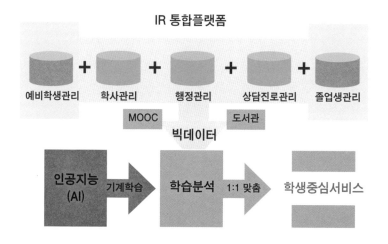

티스트를 고용했고, 2018년 한국대학IR협의회(KAIR)가 창립되어 대학혁신평가 등과 연계하여 대학의 성과관리 우수사례 등을 공유하고 있지만 그 활동은 아직 걸음마 단계다. 앞으로 학생들에게 필요한 개별 맞춤형 교육을 지원하기 위해서는 지금까지와 다른, AI와 빅 데이터를 활용한 새로운 체계가 갖춰져야 한다. 즉 주먹구구식의 대학 경영을 하기보다는 데이터 기반의 과학적 의사결정을 동반한 빅 데이터와 AI 기술을 활용해야 한다. 기존에는 없는 새로운 직업을 선택할 학생들을 위해 AI 조교를 모든 교수자에게 지원하여 학생 중심의 맞춤 교육 서비스를 가능케 해야 한다. AI 조교의 경쟁력이 교수와 대학의 경쟁력, 나아가 국가 경쟁력으로 직결될 것이기 때문이다.

2. 배움에 한계가 없는
교육의 재창조

온라인 학습 시대:
학부 교육의 시간과 공간 혁신

학부 교육의 시간 혁신

과거 산업화 시대에는 교육의 변화 속도가 그리 빠르지 않아서 전통적인 4년 교육과정으로도 대학이 사회의 요구를 어느 정도 충족시킬 수 있었다. 그러나 4차 산업혁명 시대에는 지식의 반감기가 급격하게 짧아져 대학의 4년 교육이 사회 수요를 따라가지 못하고 있다. 이에 기존의 전통적인 대학 시스템이 사라지고, 새로운 고등교육기관들이 등장하고 있다. 시공간의 제약을 무너뜨리고 발 빠르게 변화를 좇아간 대학들이다.

대표적인 변화로 온라인으로 이뤄지는 비대면 수업을 들 수 있다. 2020년 전 세계를 강타한 COVID-19는 우리 삶 곳곳에 깊고 많은 영향을 미쳤다. 일하는 방식, 인간관계 형성과 유지, 문화 향유까지 '비대면'이라는 말이 깊이 스며들었다. COVID 19가 대학 교육에 남긴 가장 큰 변화는 '비동기식 학습(Asynchronous Learning)'의 활성화다. 지금까지 우리가 생각했던 수업은 특정 요일, 특정 시간, 특정 공간에 모여서 하는 것이었다. 수업마다 교수와 학생이 따라야 하는 '하나의 시간표'가 존재했다. 하지만 비동기식 학습 체제에서는 각자 원하는 시간에 학습에 참여할 수 있다. 처음엔 어색했지만 요즘은 교수와 학생들도 만족도가 높다. 스스로 학습을 조절하고 참여할 수 있기 때문이다.

대학에서 진행되는 온라인 수업은 크게 '저장형 강의(Pre-Recorded Class)'와 '실시간 온라인 강의(Realtime Interactive Class)'로 나뉜다. 저장형 강의는 교수가 강의 내용을 녹화해서 학습 플랫폼에 올려놓으면 학생들이 원하는 시간에 내려받아 학습하는 방식이다. 이렇게 비동기식 학습이 이뤄진다.

성균관대팀의 연구에 따르면 비동기식 온라인 수업은 대학의 교육 혁신에 여러 시사점을 제시했다. 학생들은 자신이 원하는 시간에 수업을 얼마든지 들을 수 있다. 획일적 시간표에서 벗어나 자신의 학습 시간을 스스로 결정하는 '시간 혁명'이 일어난 것이다. 온라인 교육을 잘 활용하면 고교 졸업 후 곧바로 대학에 진학하는 '전통적 학생(Traditional Students)'은 물론이고 성인 학습자까지 대학의 고객으로 확장할 수 있다. 즉 낮에 수업을 듣기 위해 학교로 움직이기 어려운 재직자나 성인 학습자들도 학습에 참여할 수 있는 것이다.

온라인 학습은 학업 효과도 높일 수 있다. 어려운 부분을 여러 번 반복해서 듣거나 잠시 듣기를 중단하고 다른 자료를 찾아본 후 다시 학습에 참여할 수도 있기 때문이다. 물론 온라인 학습이 효과를 발휘하려면 무엇보다 학생의 자기 주도 학습이 요청된다. 교수도 학생의 학습 동기를 불러일으키도록 수업을 치밀하게 구성해야 한다.

물론 실시간 온라인 강의도 장점이 있다. 교수와 학생이 온라인 플랫폼에 모여 상호작용하면서 수업을 진행할 수 있기에 학습의 '실재감(實在感)'을 높일 수 있다. 교수의 실시간 피드백을 수업 중에 받을 수도 있다. 이런 이유로 대학에서는 저장 강의와 실시간 온라인 강의를 섞어서 진행하는 '혼합형 수업'이 유행이다. 교수가 저장한 강의 자료로 '사전 학습'을 한 후에, 교실 수업으로 질의응답과 토론을 이어가는 플립러닝도 '혼합형 수업'의 한 모습이다.

사실 지금도 많은 대학 강의가 온라인에서 이뤄지고 있다. 그러나 단지 대학 강의가 온라인으로 옮겨간다고 하여 AI 시대에 발맞춘 새로운 교육의 장이 열렸다고 하기는 어렵다. 형식보다는 본질에 집중하여 근본적인 변화와 혁신이 이뤄져야 할 것이다.

학부 교육의 공간 혁신

세계적인 미래학자 토머스 프레이 미국 다빈치연구소 소장은 "2주에서 두 달 정도의 짧은 교육 수요가 많아지고 대학도 마이크로 칼리지(Micro College)가 대세가 되면서 앞으로 10년간 전 세계 대학의 절반이 사라질 것"이라고 예측했다. 마이크로 칼리지는 현장의 수요를 반영해서 짧은 기간에 첨단 기술을 교육하는 초단기 고등교육기관이다. 미국 다빈치연구소는 3개월 단위로 드론, 로봇, 데이터 분석, 게임 분석가, 웹 디자인 등 철저하게 새로운 직업과 연계된 교육을 하고 있다.

이러한 추세에 맞춰 전통적인 대학 교육 시스템을 파괴한 미네르바대학이나 에꼴42와 같은 새로운 고등교육기관의 성공도 주목받고 있다. 가장 큰 특징은 강의실을 벗어나 '어디에서나' 학습에 참여할 수 있다는 점이다. 학습이 이뤄지는 곳은 어디든지 캠퍼스이자 교실이 된다. 미네르바 학생들은 전 세계 도시를 옮겨 다니며 학습을 하는데, 이를 가능하게 하는 것이 '액티브 러닝 포럼(Active Learning Forum)'이라는 온라인 학습 프로그램이다. 미네르바대학의 목표는 물리적인 캠퍼스가 아닌 온라인 교실과 혁신적인 교육 방법, 세계적인 오프라인 실습 현장으로 아직 생기지 않은 직업에도 적응할 수 있는 인재를 양성하는 것이다. 이는 물리적 공간인 캠퍼스를 대학의 상징으로 여겼던 우리의 고정관념을 바꾸게 했다.

에꼴42는 2013년 프랑스 파리에 설립된 정보통신 인재 양성 학교인데, 졸업장, 교수, 학비가 없는 3무(無) 학교로 유명하다. 국적 제한 없이 매년 18~30세의 청년 중에서 1,000명을 선발하는데 지원자 수가 7만 명에 달한다. 세계적인 대기업에 채용되는 경우도 많아 굉장히 인기가 높다. 우리나라에서도 2019년 기획재정부의 주도 아래 과학기술정보통신부와 서울시가 에꼴42와 유사한 형태의 교육기관인 '이노베이션 아카데미 42서울'을 설립해 운영하고 있다.

온라인 수업을 활성화한다고 해서 캠퍼스가 사라지는 것은 아니다. 오히려 캠퍼스를 필요에 따라 더 효율적으로 활용할 수 있을 것이다. 수업이 이뤄졌던 교실을 그만큼 줄일 수 있고, 여유 공간에 창의적 학습 공간, 만남과 사색이 이뤄지는 '제3 공간(the Third Place)', 창작과 창업을 위한 메이커 공간을 만들 수 있다. 이러한 캠퍼스 공간 혁신은 교실로만 채워진 '공장형 대학' 시대를 넘어, 창의적 학습과 활동이 이뤄지는 '미래 대학'으로의 전환을 앞당길 것이다.

공급자 다양화 시대:
고등교육 독점의 끝

바다를 건너온 강의

2019년 1월 7일 성균관대 제21대 총장으로 취임한 신동렬 교수는 취임식 날 어느 학생으로부터 이메일을 받았다. 그는 다른 학생들과 스탠퍼드대학이 제공하는 인공지능 과목[9]을 동영상으로 듣고 있는데 학점을 줄 수 없느냐고 물었다. 인근 대학 학생들도 이 강의를 동영상으로 미리 듣고 수업 시간에는 토론하는 플립러닝을 하고 있다고 덧붙였다. 신 총장은 고민에 빠졌다. 취임 일성으로 '학생 성공'을 위한 대학을 만들겠다고 했고, 교육의 질을 강조했기 때문이다. 학생들이 "이렇게 좋은 강의를 실제 학점으로 인정"해달라는데 거부할 명분을 찾기 어려웠다. 결국 스탠퍼드대학 동영상 강의를 플립러닝에 활용하는

---

9   CS231n: Conventional Neural Networks for Visual Recognition

것으로 타협이 이뤄졌다.

MIT는 2001년부터 대학이 제공하는 강의를 온라인에 공개했다. 누구나 MIT 교수들의 수업을 들을 수 있다. 2012년에는 스탠퍼드대학 교수였던 세바스찬 스룬(Sebastian Thrun)과 다프네 콜러(Daphene Koller)가 각각 '유다시티(Udacity)'와 '코세라(COUSERA)'를 만들었다. 코세라 플랫폼에는 2021년 8월 현재 5,100개 이상 학습 프로그램이 탑재되어 있다. 또한 40여 개 인증 프로그램과 25개 학위 프로그램을 운영 중이다. 지금까지 코세라를 거쳐간 사람은 7700만 명이 넘는다. '누구나 어디서든 모든 분야에서 최고의 교육'을 받을 수 있는 디지털 플랫폼을 만들겠다는 포부가 실현된 셈이다.《대학의 미래》―원제는 The End of College로 직역하면 대학의 종말이다―라는 책을 통해 고등교육의 흐름을 묘사한 케빈 캐리(Kevin Carey)는 대학의 경쟁자로 새롭게 등장한 온라인 학습 플랫폼과 이것이 대학 교육에 미칠 영향을 이렇게 전망했다.

"ICT 기술과 에듀테크는 훨씬 싼 가격으로 훨씬 나은 교육을 제공하는 전혀 다른 고등교육기관을 탄생시킬 것이다. (중략) (디지털 학습 플랫폼은) 특권과 희소성에 의존해오던 전통적인 대학들을 위협할 것이다. (중략) 우리가 알고 있는 방식의 교육기관, 즉 대학만이 고등교육을 제공한다는 뿌리 깊은 인식을 버릴 때가 되었다."

대학의 강력한 경쟁자들

우리나라에서도 대학을 위협하는 경쟁자들의 도전이 거세다. 2014년 30대 청년이 창업한 '패스트캠퍼스(fastcampus.co.kr)'는 6만여 명이 듣는 교육 플랫폼으로 성장했다. 온라인과 오프라인 강의를 제공하는데, 직원 스스로 배우고 싶은 과정만을 개설하는 것이 원칙이다. 한 명도 낙오하는 사람이 없도록 강의를 설계하는 것이 목표라고 한다. 코스 매니저를 배치해서 강사와 수강생 모두의 학습 동기와 열정을 자극하고, 강의가 끝나면 수강생이 제공하는 피드백을 바탕으로 프로그램을 개선한다. '잘 가르치는 대학'이 하는 일과 다르지 않다. 단지 학점과 학위를 주지 않을 뿐이다.

원격 학습 기업인 '휴넷(hunet.co.kr)'의 약진도 눈부시다. 1999년 설립 초부터 에듀테크를 활용한 이러닝을 시작했다. 재직자를 대상으로 플립러닝과 마이크로러닝을 적용한 직무교육, 실무 교육을 운영한다. 최근에는 지식 생산자와 소비자를 온라인으로 연결하는 지식 공유 플랫폼 '해피칼리지'를 만들었다. 여기서는 누구나 콘텐츠를 등록하고 강사가 될 수 있다. 2019년 4월 현재 강의 개설자가 1,200여 명에 이르고, 수강생은 2만 5,000명으로 늘었다. 대학들은 지금에서야 성인 학습자와 재직자 교육에 눈을 돌리는데, 대학의 경쟁자들은 '교육 플랫폼'이 무엇인지 보여주면서 저만큼 앞서가는 형국이다. 이들은 평생 학습을 지향한다고 말하지만 실제로 적지 않은 고객이 대학생이다.

대학 못지않은 프로그램을 오프라인으로 제공하는 공급자도 늘어나고 있다. '멀티캠퍼스(multicampus.com)'는 국내외 1만 7,000여 기업이 재직자 교육을 맡길 정도로 프로그램이 신뢰를 얻고 있다. 데이터 사이언스부터 인공지능까지 최고 강사진으로 성인 교육 시장을 앞서가고 있다. 제한된 입학 정원과 교수 충원의 어려움 때문에 대학들이 쉽게 제공하지 못하는 분야부터 시작했지만, 언젠가는 대학이 가르치는 프로그램까지 정면 승부를 걸 수도 있을 것이다. 대학이 아닌 다른 공급자들도 '캠퍼스'라는 이름을 내걸고 있다. 공급자들과 대학의 경계가 점차 모호해지는 것이다. 더 우려되는 점은 이들이 제공하는 강의를 들은 학생들이 "대학이 사회의 발전 속도를 따라가지 못한다"고 평가한다는 것이다.

앞으로 직장에서 당장 써먹을 수 있는 역량을 갖췄는지를 보는 수시 채용이 늘어날 전망이다. 이러한 흐름에 맞춰서 단기간에 지식을 함양하고 기술을 배우는 '부트 캠프(Boot Camp)'형 교육에 대한 수요도 늘고 있다. 즉 고등교육 시장은 대학 '간판'과 '졸업장'보다 실질적인 역량의 함양이 중요한 시대로 빠르게 전환하고 있다. 대학과 다른 교육 공급자를 두고 어디로 갈지는 학습자가 판단할 것이다.

대학은 어떻게 차별화할까

고등교육에서 다양한 공급자가 나타났다는 것은 여러 의미를 지닌다. 국가적으로는 창의적 학습 국가로 발돋움하는 토대가 마련되고, 학습자에게는 선택의 폭이 넓어졌음을 뜻한다. 무엇보다 고등교육에서 '대학의 독점'이 사라질 수 있음을 의미한다. 교육 공급자 사이에서 경쟁이 벌어지고, 학습자의 요구와 선호에 부합하는 질 높은 프로그램이 살아남게 될 것이다.

그 가운데서 대학이 비교 우위를 가지려면 무엇이 필요할까? 첫째, 온라인 시대라지만 역설적으로 '캠퍼스'를 가지고 있다는 강점을 살려야 한다. '장소'로서 캠퍼스는 사람들이 만나서 교류하고 생활을 함께하는 공간이다. 캠퍼스의 물리적 환경은 대학이라는 공동체에 대해서 학생이 가지는 정체성이나 소속감과 깊은 관계를 맺는다. 또한 캠퍼스는 내면의 성장을 이끄는 휴식과 사색이 이뤄지고, 창의적 발상을 유도하는 '제3의 장소'가 되기도 한다. 반대로 네모난 교실과 무미건조한 교육 시설로만 채워진 캠퍼스는 경쟁력을 갖기 어렵다. 대학은 캠퍼스가 배움과 생활이 함께 이뤄지는 공동체 공간이 되도록 세심하게 디자인할 필요가 있다. 지식과 기술을 연마하는 것뿐만 아니라 다양한 공동체에서 책임과 역할을 배우고 정서적 성숙, 공감, 협력을 배우는 총체적인 성장의 공간이 될 때 대학은 경쟁력을 가질 수 있다.

둘째, 대학은 '교육'을 위한 기관이다. '훈련' 기관이 아니다. 따라서 대학의 차별적 가치는 '교육 경쟁력'에서 찾아야 한다. 미네르바대학을 세운 벤 넬슨은 오늘날 대학들이 지적인 고상함과 우월함에 젖어 교육기관으로서 담당할 본연의 기능을 잊고 있다고 지적한다. 그러면서 미네르바의 강점으로 교육적 '차별성(Differentiation)'와 '현장성(Relevance)'을 강조했다. 이는 우리나라 대학의 학부 교육 혁신과 경쟁력 제고에도 시사하는 바가 크다.

지금 대학들은 지나치게 세분된 학과가 높은 벽을 세운 채 교수와 학생의 지적·인간적 교류와 협력을 막는 고립된 시스템을 가지고 있다. 이러한 환경에서 학생들은 학문 세계를 넘나들면서 지식을 탐색하고 경험의 폭을 넓히는 융합적 학습을 경험하기 어렵다. 전공 공부만 전념토록 하는 교육 시스템은 졸업 후 서너 번씩 직업을 바꾸게 되는 시대에도 부합하지 않는다. 특정 분야 지식과 기술을 전수하는 것은 차라리 고도로 효율성을 갖춘 대학 밖 교육 공급자들이 앞서고 있다. 따라서 대학이 학부 교육에서 차별적 경쟁력을 갖추는 길은 학생을 특정 분야에 가두지 않고, 다양한 학문 분야를 탐색하고 경험할 수 있도록 돕는 것이다. 개방적 학사 구조와 융합적 교육과정을 제공하고, 학생들의 적극적인 참여를 유도하는 것이다. 교과목을 정예화·최신화하면서 필수 이수 학점은 낮추고, 학과 간 교차 수강을 장려하는 방향으로 학부 교육체제를 혁신해야 할 것이다.

특히나 오늘날 학부 교육이 가진 가장 큰 문제는 학교에서 배우는 것이 삶의 현장에서 활용되지 못한다는 데 있다(배상훈 외, 2019). 대학에서 배운 것을 사회나 직업 세계에서 적용하기 어렵다. 물론 대학은 곧장 써먹을 지식을 가르치는 '학원'과 같은 곳이 아니다. 하지만 학생의 졸업 후 진로와 성공적인 사회 진입을 생각하면 학교 밖의 움직임과 요구를 무시할 수도 없는 노릇이다.

결국 대안은 대학과 교수들이 학교 밖 세계와 끊임없이 소통하는 것이다. 관련 분야 동향을 바탕으로 강의 내용을 최신화하고, 지역 기반 학습, 문제해결 학습, 서비스 러닝처럼 실생활에서 당면하는 문제를 학습에 접목하는 교육을 해야 한다. 반대로 현실에서 유리된 과거의 지식을 일방적으로 전달하는 대학은 살아남기 어렵다. 설령 살아남는다고 해도 교육기관으로서 역할과 기능을 제대로 하지 못하는, '영혼'과 '가치'가 없는 기관으로 전락하기 마련이다. 오죽했으면 '데일 스테판(Dale Stephens)' 같은 사람은 '대학 가지 말기(UnCollege)' 운동을 펼칠까! 반면교사(反面敎師)로 삼을 일이다.

개방과 연결 시대:
공유대학

디지털 학습 플랫폼과 공유 모델

학생 수가 줄어드는 것은 재정수입의 감소를 의미한다. 앞으로 재정 절벽은 피할 수 없을 전망이고, 이를 극복할 새로운 학교 경영과 교육 모델이 필요하다. 적은 예산으로 많은 학과를 유지하면서 학생이 원하는 모든 프로그램을 제공하기 어렵기 때문이다. 그렇다면 대학들이 협력해서 강의, 비교과 프로그램, 기타 학습 자원을 공유하는 것이 대안이 될 수 있다. 이는 '자급자족 시대'에서 벗어나 '학습경제 시대'로 나아가는 길이기도 하다. 특히 학생 수 감소의 영향이 큰, 지방의 소규모 대학에 공유 모델은 매우 효과적인 대안이 되어줄 것이다.

인근 대학에 가서 수업을 듣고 학점을 받는 '학점 교류'는 보편화되어 있는 제도다. 하지만 이 방법은 가까운 대학을 중심으로 몇 개 과목만 이뤄졌을 뿐 대학 간 광범위한 교류와 협력으로 이어지지는 못했다. 학생들도 이동에 필요한 비용과 심리적 부담이 뒤따랐고, 학업 효과는 그리 크지 않았다.

이에 대한 대안은 여러 대학이 '디지털 학습 플랫폼'을 만들어 함께 운영하는 것이다. 교류 협정을 맺은 대학의 교수들이 자신의 수업을 디지털 플랫폼에 탑재하고, 학생들이 선택해서 듣는 시스템을 말한다. 대학은 교육 비용을 줄일 수 있고, 학생은 내 컴퓨터에서 다른 대학이 제공하는 좋은 수업도 선택해서 들을 수 있다는 이점이 있다. 개방과 연결의 시대에 부합하는 대학 교육 모델이고, 디지털 혁신과 에듀테크의 발전은 이를 가속화하고 있다.

공유대학은 다양한 모델이 가능하다. 첫째로 대표적인 것이 '거점 대학 제공형'이다. 여건이 좋은 큰 대학의 학습 자원을 작은 대학들과 공유하는 모델이다. 앞으로 지역 소규모 대학들은 재정 여건상 다양한 교육 프로그램을 제공하기 힘들 것이다. 이때 대규모 종합 대학은 양질의 수업을 인근 중·소규모 대학은 물론 지역 주민에게도 제공할 수 있다. 특히 이는 국가 예산으로 운영되는 지역 거점 국립대가 맡을 사회적 책임이기도 하다.

둘째는 '대학 연합형'이다. 여러 대학이 교육 협력을 위한 합의를 하고 가상의 공유 학습 플랫폼을 만드는 것이다. 서로의 필요에 따라 협력을 하는 컨소시엄 모델이다. 예컨대 교수 자원이 충분하지 못한 인공지능 분야에서 대학끼리, 나아가 관련 연구소와 기업까지 동반자 관계를 맺고 각 기관이 보유한 인공지능 전문가들을 함께 활용할 수 있다.

셋째는 '대학 특성화형'이다. 전통적인 대학 특성화는 대학 내부 자원에 의존하는 폐쇄형 모델이다. 만약 대학이 원하는 특성화 분야에 인근 대학의 교수와 전문가들을 활용할 수 있다면, 대학의 역량은 훨씬 커질 것이다. 이러한 '십시일반(十匙一飯)'하는 전략은 대학 생태계를 작고 강한 특성화 대학의 집합체로 만들고, 개별 대학의 학부 교육 경쟁력을 강화하는 방안이 될 수 있다.

공유대학이 성공하는 길

공유대학이 성공하려면 많은 준비가 필요하다.

첫째, 참여 대학들이 공유대학의 취지를 이해하고, 수평적 토론과 공동의 지도력을 발휘하는 장을 만들어야 한다. 대형 대학에 작은 대학들이 종속하는 모델이 되어버리면 공유대학은 실패할 가능성이 크다. 큰 대학을 중심으로 하는 공유 플랫폼은 쉽게 실천할 수 있겠지만, 작은 대학들은 이를 구조 개혁의 전초전으로 오해할 여지도 있다. 따라서 공유대학의 운영 및 의사 결정에 관한 규칙을 만들고 합의를 이루는 것이 중요하다. 이러한 내용이 불확실한 가운데 정부의 일회성 사업으로 공유대학이 운영된다면 고등교육 생태계는 혼란만 생길 수 있다.

둘째, 교육의 질 제고와 시너지가 없는 단순 병합 모델은 대학의 예산과 행정력만 낭비하는 결과를 초래한다. 공유대학이 경영진의 치적이나 보여주기 이벤트가 된다면 지속 가능성을 담보하기 어렵다. 철저히 학생과 교육 관점에서 접근하고, 전문적인 교육의 질 관리와 성과 분석을 병행해야 할 것이다.

셋째, 온라인 학습 인프라를 포함한 교육의 디지털 전환이 병행되어야 한다. 공유대학은 그 구상이 훌륭해도 학생과 교수가 번거롭게 생각하고 비용이 많이 들면 실현되기 어렵다. 다른 대학이 제공하는 강의를 자신의 컴퓨터에서 쉽게 듣고 학점까지 받을 수 있는 온라인 학습 플랫폼이 필요하다.

넷째, 공유대학은 다양성과 창의성이 넘치는 플랫폼이 되어야 한다. 성공적인 공유대학과 참여 학생의 다양성은 동전의 양면이다. 공유 플랫폼에서 이뤄지는 교육은 학생의 다양성을 세심하게 고려하는 방식으로 이뤄져야 할 것이다. 대학 차원에서도 공유대학을 통해 참여 대학의 고유한 가치가 사라지는 것을 경계해야 할 것이다. 공유대학은 공동의 가치를 추구하며 느슨하게 연결된 공동체가 되어야 하고, 파트너십 기반의 개방형 플랫폼으로 발전되어야 한다. 마지막으로 세심한 제도의 설계와 운영 방안을 마련해야 한다. 참여 교수에 대한 강의 시수 인정을 포함한 인센티브, 학생에 대한 학점 인정, 대학 차원의 비용과 수입 배분 규정, 정부의 재정지원 방안 등이 그것이다. 대학끼리 협력한 경험이 많지 않고 승자 독식 문화가 살아 있는 상황에서 공유대학 모델은 고등교육 생태계의 건강성을 회복하는 시험대가 될 것이다.

공유대학과 대학의 역할

미국과 일본에서는 일찍이 '컨소시엄'이라는 이름으로 공유대학이 운영되고 있다. 1960년대부터 활성화한 미국 워싱턴 메트로폴리탄대학 컨소시엄에는 조지타운대, 워싱턴대, 메릴랜드대 등 18개 대학이 참여하고 있다. 참여 대학들은 강점 분야의 학과목을 활발히 공유하면서 학생들에게 학습권 제공, 융복합 수업 확대를 해왔다. 또한 COVID-19 이후에는 코로나 공동 연구와 연구 시설 공유 등 다양한 프로그램을 진행하고 있다(김대종, 2021). 미국 애리조나대학은 중국, 베트남, 페루, 아랍에미레이트, 인도네시아, 모리셔스, 요르단, 이라크, 필리핀의 협력 대학과 함께 캠퍼스, 학생, 교육과정, 등록금, 강의, 학위 등을 폭넓게 공유하고 있다(홍준현, 2020). 일본에서도 소규모 대학들이 컨소시엄을 형성해서 대학 간 학점 공유, 지방자치단체나 지역산업체와 연계된 지역 플랫폼 구축 등의 방식으로 협력하고 있다.

우리나라에서도 최근 들어 경상남도와 17개 지역 대학(전문대 포함), 연구기관, 기업이 협력하는 플랫폼 형태의 USG대학 모델(손정우, 2021), 신라대 등 부산 지역 5개 사립대가 추진하는 교양 중심 공유대학 모델(이은화, 2021)이 진행되고 있다. 그 밖에도 충청북도의 연합대학원 체제인 오송 바이오텍 모델이 있다. 또 대학들은 융합 교육 확대, 교육 자원 공유, 현장 중심 교육 확대, 학습자 맞춤형 교육 확대 등의 방향으로 노력하고 있다.

하지만 아직 우리 대학들은 다른 대학이나 지역과 공유하는 데 익숙하지 않다. 그래서 과거에도 몇 차례 지역의 거점 대학을 중심으로 지역 대학들이 협력하는 방안이 논의되어 왔으나 성공한 적이 거의 없다. 선진국 대학들은 지역사회와 협력하고 기여하는 것을 대학의 중요한 역할로 생각하고 있지만, 우리 대학들은 그런 인식과 실천 의지가 약하다. 2018년 서울총장포럼의 합의로 시작되었던 공유대학 모델도 대학의 참여 부족과 운영비 부족으로 운영이 중단된 상태다. 서울의 24개 대학이 서울시 예산 10억 원을 지원받아 1,600개 과목을 학점 교류하는 형태였다(김대종, 2021). 여태껏 우리 대학들은 타 대학이나 지역과 단절되어 각자도생을 했으나 앞으로는 시대적 요구를 따라 이를 타파할 필요가 있다(이지현, 2021).

학생들이 다른 대학 수업을 듣는다고 대학 차원에서 할 일이 없는 것은 아니다. 우선 공유대학에 참여하면서 경쟁력이 있는 교육 분야는 더 발전시켜 특성화 대학을 지향해야 한다. 나아가 인성 교육, 현장 기반 문제해결 학습, 기숙사를 활용한 공동체 교육, 현장 실습, 맞춤형 진로 지도와 취업 안내 등 학부 교육의 질 제고를 위해 해야 할 일이 많다. 참여 학생을 대상으로 학습 상담을 하고, 수업과 관련된 질의에 대한 응답과 피드백을 제공하며, 학업 성취에 따라 학점을 부여하는 것도 교수의 몫이다. 물론 교수가 자신의 수업만을 고집했던 관행에서 벗어나는 것은 실험이 아닐 수 없다. 그러나 공유 플랫폼에 올라온 다양한 학습 자료를 활용해서 수업의 질을 높이고 학생의 성공적인 학습을 돕는 것이 곧 교육 혁신이라는, 사고의 전환이 필요하다.

미래 인재들을 위한
새로운 대학

민경찬

1. 미래 시대는 새로운 인재, 새로운 대학을 요구한다

생각하는 방식, 일하는 방식을
모두 바꿔야 하는 시대

2016년 1월 다보스포럼에서 '4차 산업혁명'을 선언한 클라우스 슈밥 회장은 우리의 살아가는 방식과 일하는 방식, 서로 관계를 이루는 방식까지 근본적으로 변화시킬 기술혁명이 시작되었다고 천명했다. 더불어 그는 이 새로운 변화에 잘 대응하면 어느 시대보다도 큰 축복이 될 것이고, 그렇지 않으면 더 큰 위험에 빠질 수 있다고 경고했다. 우리 인류는 생각하는 방식과 일하는 방식을 모두 바꿔야(Reset) 한다는 것이다.

4차 산업혁명, 디지털 전환, 인더스트리 4.0으로 불리는 변화의 시대에 가장 중대한 이슈로 부각된 것은 산업구조의 큰 변화와 함께 일자리에 대한 큰 변화다. 현재 일자리의 80%가량은 사라질 것이기 때문에, 오늘의 대학 졸업생이 살아가면서 갖게 될 미래 일자리는 지금과 확연히 달라질 것으로 본다. AI, 빅 데이터, 로봇, 사물인터넷, 스마트폰, 3D 프린팅 등은 기존의 단순한 일자리를 기계로 대체시킬 것이며, 갈수록 지금은 존재하지 않는 새로운 직업들이 생겨날 것이다. 특히 일자리 양태가 소수의 고소득 전문 직종 그룹과 저소득 단순노동 업무로 양극화될 것이라는 예측은 우리를 더욱 긴장시킨다.

그런데 2020년에 들어서며 인류에게 갑자기 닥쳐온 COVID -19라는 팬데믹은 전 세계에 걸쳐 일상에서의 살아가는 방식과 더불어 경제, 사회, 산업 등에 엄청난 변화를 만들어내고 있다. 18세기 중반에 시작된 1차 산업혁명 이후 인간의 삶의 질과 사회 발전을 위해 자연의 환경과 자원을 마구 훼손해온 결과가 기후변화, 팬데믹 등으로 이어져 인간이 자연 생태계를 새롭게 인식하는 계기가 되고 있다. '우리 사회와 지구촌은 지속 가능한가?'라는 큰 질문과 함께 미래에 대한 불안감은 갈수록 커지고 있다. 이와 더불어 COVID-19는 전 세계를 갑자기 비대면 환경으로 몰아가 일하는 방식을 100% 재택, 원격 형태로 전환시키기도 했다.

새로운 인재를
요구하는 시대

2016년 3월에 펼쳐진 이세돌과 알파고의 대결은 우리 사회에 엄청난 충격을 안겼다. 특히 AI에 대한 관심과 함께 미래 변화에 대한 예민도도 크게 높아지는 계기가 되었다. 디지털 전환 시대의 대표적인 산물인 AI는 다양한 영역에서 이미 인간을 뛰어넘는 능력을 보여주고 있다. 더 나아가 유전자 기술은 인간의 개념을 바꿀지도 모른다. 이제는 지속 가능한 사회와 지구촌을 만드는 일과 함께 인간이 '인간다움', 즉 인간의 지위와 정체성을 유지하는 일이 새로운 인류 과제가 되었다.

어느 시대나 마찬가지로 오늘 우리가 살아가는 세계에서도 다양한 형태의 갈등과 충돌이 끊이지 않고 있다. 특히 우리나라와 주변 상황이 만만치 않다. 미국 우선주의와 중국몽에 따른 무역전쟁 기반의 미·중 패권 경쟁과 북한의 핵 위협은 갈수록 커지고 있다. 대한민국의 위상과 산업, 경제, 안보 등 여러 가지면에서 중대한 영향을 미칠 수 있는 이슈들이다. 내부적으로는 저출산·고령화, 일자리, 양극화, 가치의 혼란, 분열적 갈등이 심화되고 있다. 100여 년 전 한반도 상황처럼 심각한 내부적 문제들과 함께 주변 열강 사이에서 국가의 위상을 제대로 세우며 살아가기가 쉽지 않은 것이다.

이처럼 주변의 상황이 엄중하지만, 세상의 모든 일은 결국 '사람'에게 달려 있다. 미래에도 역시 우리는 '사람'에 기대를 걸어야 한다. 문제는 오늘의 대전환의 시대, 이를 이어가는 미래 시대에 당당히 적응하며 새로운 변화를 이끌어갈 인재들을 어떻게 준비해야 하는가다. 어려서부터 점수 경쟁에 내몰리고, 대학 단계부터는 학점, 고시 준비에 매달리게 하는 획일화되고 경직된 교육 환경에서 어떠한 인재들이 기대되는가? 오늘날 우리에게는 미·중 갈등을 비롯한 국가 간의 이해 및 가치 충돌, 디지털 시대, 지속 가능한 사회, 지구촌의 과제들을 해결해나가며 미래를 이끌어갈 수 있는 글로벌 인재와 지도자들이 요구되고 있다. 이는 대한민국의 생존이 걸린 문제이다.

새로운 인재 양성을 위한
새로운 대학

역사적으로 국가와 사회의 큰 변혁이 성공적으로 이뤄진 배경에는 늘 대학이 자리를 잡고 있었다. 대학들이 시대정신을 담아내기 위해 새로운 모델로 변신하며 혁신을 이뤘고 이를 확산했기 때문이다. 독일이 세계사의 전면에 등장하게 된 것은 1810년 교육과 연구를 통합하는 새로운 대학 모델로 베를린대학이 설립되었고, 이어 변화된 독일 대학들이 우수한 인재와 과학기술력을 키우며 국가의 힘과 경쟁력을 크게 강화해왔기 때문이다. 제2차 세계대전을 거치며 세계에서 오늘날의 큰 영향력을 가지게 된 미국에는 하버드, MIT, 스탠퍼드 등 세계적인 학자, 학생들이 모여드는 선도적인 대학이 많이 있었다. G2 국가로 급부상한 중국은 세계 일류대학 육성을 국가 비전의 하나로 설정하고 지속적으로 크게 투자해왔다.

21세기 대변혁기에 들어서며 선진국에서는 이미 시대가 요구하는 인재를 키우기 위한 혁신적인 대학들이 여기저기 새롭게 나타나기 시작했다. 새로운 시대가 요구하는 새로운 인재를 키울 수 있는 새로운 대학들이 등장한 것이다. 미국의 올린공과대학, 스탠퍼드 디스쿨, 싱귤래리티대학, 미네르바대학, 프랑스의 에꼴42 등이 대표 사례다.

대한민국은 어떠한 선택을 해야 하는가? 대변혁적 시대의 흐름에서 미래 시대를 바람직한 방향으로 창조해나갈 수 있는 다양한 영역의 인재, 지도자 양성이 핵심 과제다. 대한민국의 미래를 튼실하게 세우기 위한 일이다. 이들을 통해 새로운 지식과 가치를 창출하며 여러 과제를 해결해나갈 수 있어야 한다. 현재 산업구조, 성장 동력, 고용구조가 크게 변화하고 있다. 이에 따라 대학의 역할도 새로워져야 하며 교육과정, 교육방식 등 대학 현장도 혁명적이고도 빠른 변화가 요구된다. 그런데 오늘 대학들의 관심은 어디에 가 있는가? 학령인구 감소에 따른 구조조정, 전공 중심의 경직된 학사 운영, 갈수록 열악해지는 재정 여건, 학생과 사회의 대학에 대한 기대 하락 등 오랫동안 고착되어온 현 대학들의 내·외부의 여건과 환경에서 과감한 혁신을 펼칠 수 있을까? 기존의 대응 방식으로 원활히 풀어갈 수 있을까? 가능하다면 어느 정도의 시간이 필요할까?

현재 우리 대학들이 국가와 사회의 시대적 요구에 실질적으로 부응해나갈 수 있는지는 여전히 의문이다. 그러므로 우리도 선진국들처럼 새로운 패러다임의 대학을 세워 성공적인 롤 모델을 만들어내는 것이 바람직한 일일 것이다. 이러한 대학이 등장할 수 있다면, 우리 대학과 그 주변이라는 고등교육 생태계에도 새로운 영향력을 끼치며 변화와 혁신의 계기를 만들어갈 수 있을 것이다.

2. 학생의 성공에 집중하는
대학 혁명이 시작되었다

학생을 개별적으로
성장시키는 대학

　새로운 대학들은 새로운 인재를 어떻게 길러내고 있는가? 현재 디지털 네이티브 세대를 맞이하는 대학의 교육 형태는 기존의 틀에서 벗어나 다양해지고 있다. 새로운 인재를 키우기 위해 대학이 지향하는 교육의 핵심과 본질에 대해서도 다시금 들여다보고 있다.

　2006년 미국 하버드대학 해리 루이스 학장은 그의 저서 《영혼이 없는 수월성(Excellence Without a Soul)》에서 그동안 미국의 우수한 대학들이 교육을 잊고 있었다고 지적했다. 1970년대 이후 신자유주의 대두 속에 1980년대 순위 경쟁에 매몰되면서, 우수한 대학일수록 지식 창출과 대학 경쟁력을 강조할 뿐 인성, 태도를 비롯한 학생들의 성장이라는 대학의 본질적인 기능에 대해 큰 관심이 없었다는 것이다. 특히 가족과 고등학교 틀 안에서 성장해온 10대들로 하여금 스스로 누구인지 깨닫게 하며,

삶을 이끌어갈 큰 목표를 찾도록 하고, 시민사회에 대한 책임을 감당할 수 있는 역량과 지혜를 갖춘 성인으로 전환시켜줘야 하는 대학의 사명을 잊고 있었다는 것이다.

21세기에 들어서며 미국의 대학들은 교육기관으로서의 대학의 역할을 다양한 관점에서 새롭게 발전시켜나가고 있다. 예를 들면, 학생의 성장에만 유난스러울 정도로 집중해온 엘론(Elon) 대학이 있다. 이 대학은 학생 위주로 돌아가고 있으며, 따뜻하고 친밀한 진정한 공동체라는 점이 특징이다. 이 대학은 수동적인 학습을 넘어 '참여 학습', 즉 실천 중심적이고 경험적인 교육을 강조하고 있다. 다양한 기관에서의 인턴십, 최대 1년까지의 해외 체험, 리더십 훈련, 학부생 연구 등을 포함한 다섯 가지의 '엘론 체험 과정'이 핵심 내용이다. 이 대학은 U.S. News & World Report 평가의 'Focused on Student Success' 부문에서 1위를 지켜오며 미국 대학들을 선도해왔다. 최근 2022 U.S. News & World Report Ranking에서는 'Best Undergraduate Teaching' 부문 1위로 평가받았다. 세계에서 혁신적인 대학으로 인정받고 있는 올린공과대학, 미네르바대학 등도 학생들의 성장 발전에 초점을 두고 운영하고 있다.

한국의 대학은 1990년대를 거치며 연구 기능이 강조되었고 이에 교수들에게 더 많은, 더 좋은 연구 성과를 강하게 요구해왔다. 정부 부처들의 연구 지원사업들이 지속적으로 늘어나고,

국내외 대학 평가에 대한 예민도가 높아졌기 때문이다. 이러한 과정에서 교수들은 교육과 학생에 대한 관심이 멀어졌고, 이는 대학 교육에 대한 기업의 불만, 고등교육의 질에 대한 매우 낮은 해외 평가로 이어졌다. 그러나 21세기에 들어서면서 교육의 중요성을 새롭게 인식하고 학부대학, 기초 교육원, 교양대학, 교수-학습센터와 같은 교육 전담 기관들을 세우는 등 교육의 질과 학생의 성장에 대한 관심을 키우기 시작했다.

정부에서도 2009년 '잘 가르치는 대학(ACE)' 사업을 도입하여 대학 사회로 하여금 교육의 내용과 질에 대한 관심을 확대해 나가고자 했다. 대학별 설립 이념에 따라 인재상을 구체화하고, 이러한 인재로 성장하는 데 요구되는 핵심 역량을 찾아내며, 이런 역량을 담아갈 수 있는 교육 시스템과 환경을 갖추도록 한 것이다. 즉 대학별로 성공시킬 수 있는 독자적인 교육 모델을 만들고자 한 것이었다. 10년 정도 지속된 ACE 사업은 대학 사회에 교육을 잘하는 대학도 자랑스럽게 여기는 문화를 만들어 냈다. 이 사업은 2018년 대학혁신지원사업에 통합되었지만, 인재상을 기반으로 학생들을 성장시키는 정신은 지금도 이어지고 있다.

한국 대학들은 지난 몇 년간 학령인구가 크게 감소함에 따라 신입생 확보가 절실한 과제가 되면서 학생 중심의 대학으로 변화하기 시작했다. 이러한 흐름에서 '학생 성공'을 대학 운영의 중심에 두는 대학들도 등장했다. 일례로 성균관대는 2019년 '학생성공센터'를 열었고, 이외에 여러 대학도 나름대로 '학생성공'의 개념을 세우고 이를 체계화시키기 시작했다. 학생이 대학에 들어와 안정된 환경에서 학습경험과 다양한 캠퍼스 활동을 통해 꿈과 희망을 가지고 삶의 방향과 진로를 정할 수 있도록 준비시키는 것이다. 최근에는 인공지능, 빅 데이터, 온라인을 활용한 개인화된 맞춤형 지원 시스템으로 학생 개개인의 성공을 위해 섬세하게 지원할 수 있는 환경을 만들어가고 있다.

대학이 기대하는 인재로
성장시키는 교육 환경

학생들은 어떤 환경에서 대학이 기대하는 인재로 성장할 수 있을까? 인재를 기르는 데 있어 혁신적인 대학으로 인정받는 사례 중 하나로, 공학 교육에서 MIT와 쌍벽을 이루는 세계 최고의 대학인 올린공과대학이 있다. 올린공과대학은 2002년 75명의 신입생과 함께 출범했다. 미국 내 여러 대학에 기부를 해오던 F.W. 올린 재단은 1990년대 중반 공학 교육의 개혁을 위해서는 아예 혁신적인 대학을 새로 설립할 필요가 있다는 결론에 도달하여 올린공과대학을 탄생시켰다.

이 대학은 공학에 대한 열정은 물론이고 여럿이 함께 작업하는 것을 즐기는 성향이 있으며 더 나은 세계를 만들고자 하는 의지를 가진 학생들을 찾는다. 그리고 사회 현장에 도움이 되는 문제를 찾아 실제적인 제품까지 완성시킬 수 있는 엔지니어로 성장시키는 것을 목표로 삼는다. 'Learning by Doing'을 대학 교육의 기조로 삼고, 1학년부터 팀 프로젝트 중심으로 토론식 수업을 진행한다. 4~5명을 한 팀으로 이루고 현장 중심의 실용적 프로젝트를 통해 배우게 하며, 경쟁보다는 협력의 힘을 깨닫고 협업을 즐기게 한다. 일반 수업에서는 학생들의 작은 점조직이 교실 여러 군데에 분포해 있고, 그 사이를 교수 여러 명이 이동하면서 지식을 교류한다. 여러 가지 주제를 두고 동시에 토론하게 되어 지적 교류의 양과 다양성이 다른 대학의 수업보다 10배 많다. 세부 전공보다 포괄적 지식을 가르쳐 졸업 후 어떠한 사람과 상황을 만나더라도 유연하게 적응할 수 있는 능력을 키운다.

미국 샌프란시스코의 미네르바대학도 마찬가지다. 미네르바대학은 물리적인 캠퍼스는 없고 시공간의 한계를 벗어나는 새로운 교육 방법을 디자인한 것으로 유명하다. 이 대학은 교육 모델에 있어서도 21세기에 적합한 새롭고 혁신적인 아이콘으로 전 세계에서 'Best Practice'로 인정받고 있다. 오늘과 같은 디지털, 글로벌 시대에 대면과 비대면 방식을 잘 조합한 것이다. 교과 교육은 100% 온라인으로 이뤄지는데, 이는 4년에 걸쳐 세계 7개국 도시를 물리적 캠퍼스로 여기고 3~6개월 단위로 순환하면서 교실에서 배운 것을 세계 도시 현장에 적용해보는 '경험적 학습'을 위한 준비 과정이다. 7개 도시는 샌프란시스코, 서울, 하이데라바드, 베를린, 부에노스아이레스, 런던,

타이베이다.

미네르바대학은 '학생 성공'을 기관 자체의 존재 의미로 생각하고 있다. 이 대학은 인재상에 적합하도록 성장하는 데 요구되는 핵심 역량으로 비판적 사고력, 창의적 사고력, 소통 능력, 상호작용 능력을 꼽았다. 그리고 의도적으로 반복하는 연습 과정을 거치며 형성되는 사고의 습관(Habits of Mind)과 폭넓게 적용할 수 있는 근본적인 지식으로서의 기초 개념(Foundational Concepts)을 통해 이러한 핵심 역량들을 4년에 걸쳐 체화시키며, 4년간 누적된 점수들의 평균으로 각 세부 역량에 대한 최종 점수를 부여받는다. 미네르바 교육은 모든 클라스가 20명 규모이며 철저한 예비 학습과 토론으로 운영된다. 90분 수업에서 교수는 가르치지 않고 조정자 역할만 한다. 이 학교는 예술·인문, 경영, 컴퓨터과학, 자연과학, 사회과학이라는 5개의 학부로 구성되어 있고 '문·이과' 구분이나 '전공학과'가 없다. 또한 학생 스스로 전공을 만들 수 있다. 커리큘럼 자체도 매우 융합적이고 구조화되어 있으며 교과목은 대부분 학제적이다.

미네르바대학 학생들은 세계 도시 순환체험 교육 프로그램을 통해 전공 과정과 연계하여 방문하는 도시 및 국가의 주요 이슈에 대한 프로젝트를 스스로 기획하고 수행한다. 이 과정에서 지구촌이 직면하는 주요 과제들을 찾아내고 글로벌 문제해결 능력을 키운다. 이들은 다양한 프로그램을 통해 방문하는 나라의 사람, 문화, 사회, 역사, 환경 및 산업 등의 변화와 역동성을 체험하고 읽을 뿐만 아니라 그 지역의 영향력 있는 인사와 기관들과 네트워크를 형성하면서 글로벌 커리어를 설계하고 준비한다. 이를 바탕으로 자연스럽게 글로벌 리더로서의 역량과 바탕을 탄탄히 키운다. 이는 바로 글로벌 기업주들이 선호하는 요소들이다. 이 대학은 2020년에 200명을 모집했는데 무려 전 세계에서 2만 5,000여 명이 지원했다. 2019년 첫 졸업생들은 하버드, 예일, 프린스턴 등의 아이비리그, 시카고대, UC 버클리, 옥스퍼드대 등의 대학원에 진학하거나 구글, 애플, 골드만삭스, 트위터, 소프트뱅크 등 세계 유수의 기업에 취업했다.

이 외에도 인재를 길러내기 위한 새로운 교육과정을 혁신해온 고등교육기관들이 있다. SW, IT 인재를 대량 배출하고 있는 프랑스 파리의 에꼴42는 2013년을 시작으로 2021년까지 세계적으로 1만 5,000명의 인재를 키우는 데 목표를 두었다. 그룹 단위 활동에 초점을 두고, 학생들이 스스로 배우고 동료로서 서로 고쳐주며 함께 아이디어를 만들고 도전하도록 한다. 21단계 훈련 과정에서 학생 스스로 실패와 연습을 거듭하며 다른 학생들과 협업을 통해 문제해결 과정을 반복적으로 체험하게 되고, 이로 인해 창의력과 자신감을 키워나간다.

또한 2004년에 출발한 미국 스탠퍼드 디스쿨은 디자인 씽킹 5단계 과정을 통해 사회 현장에서의 도전적인 문제들을 실질적으로 해결해나가는 역량을 키우게 한다. 이 학교는 공간을 스튜디오형으로 만들고 교수와 학생이 모두 서서 수업을 진행한다. 평등하게 소통하며 협력할 수 있는 분위기를 형성하는 것이다. 아이디어가 도출되면 프로토타입을 만들어 보는데, 이 과정에서 다양한 사람이 참여하고 소통하여 더 창의적인 아이디어, 더 좋은 디자인을 이끌어내고 혁신적인 제품을 탄생시키고자 한다.

미국 실리콘밸리에는 새로운 유형의 '대학'인 싱귤래리티대학이 있다. 2008년에 설립한 이 학교는 인류가 직면한 크나큰 도전과 과제들의 해결을 목표로 '폭발적 성장이 기대되는 미래기술들'을 적용해 문제를 풀 수 있도록 리더들을 교육하며, 영감을 주고, 힘을 실어준다. 10주간 모두 기숙사 생활을 하는데 낮에는 강의와 토론 수업으로 채워져 있고, 밤늦게까지 팀별 프로젝트를 수행하도록 하는 매우 빡빡한 훈련 과정을 거친다. 상상의 제약 없이 생각을 마음껏 하면서 시야를 넓혀 '미래를 보고 오는 느낌'을 받기도 한다.

빠르게 진화하는
대학 생태계의 변화

　새로운 시대는 새로운 시스템을 갖춰야 한다. 오늘의 디지털 전환의 시대는 초연결을 통해 다양한 방식의 협업을 이루며 집단 지성으로 생산성을 높일 수 있었다. 더구나 팬데믹이 전 세계를 동시에 100% 비대면 환경으로 몰아넣었고, 이에 따라 온라인 교육은 물론 재택 및 원격 근무 등과 더불어 긱 경제로의 전환도 가속화되고 있다.

　디지털 전환과 팬데믹의 영향으로 '일'과 '일자리'의 개념이 빠르게 변하고 있는 만큼, 100세 시대를 살아가기 위해서는 어떤 환경에서도 대응하며 문제를 해결해나갈 수 있는 능력이 필수로 요구된다. 이에 기초 체력을 키우는 교육과 함께 교실에서 배운 내용과 사회 현장을 연계하는 실질적 체험 교육이 강조되고 있다. 특히 생산 가능 인구의 감소를 가져오는 저출산 고령화 환경이기에 개개인의 특성에 따라 역량을 키워 개인별 생산성을 극대화하는 일은 매우 중요하다. 개인 중심의 경험을 중시하는 MZ 세대의 다양한 사고와 경험들을 모으는 일도 국가 전체적 생산성을 높이는 데 큰 역할을 할 것이다. 그러므로 이제 대학의 운영 방식 자체도 바꿔야 한다. 사실 전 세계 고등교육은 이미 전통적인 4년제와 더불어 마이크로 대학, 나노 학위 등 다양한 형태로 진화되고 있다.

그렇다면 새로운 시대는 어떤 교육 시스템과 생태계를 필요로 할 것인가? 이미 세계적으로 인정받는 혁신 대학들의 성공적인 변화에서도 힌트를 얻을 수 있을 것이다. 앞서 언급한 여러 대학의 공통점은 기본적으로 인재상에 기반한 학생의 성장과 성공에 초점을 둔다는 점이다. 상상력과 창의력을 키울 수 있는 환경을 만들어주고, 지속적으로 활용할 수 있는 사고 능력과 기본적 지식을 쌓아가며, 스스로 질문하고 답을 찾는 훈련 과정을 통해 소통과 협력의 힘을 깨닫게 한다. 더불어 세계를 더 나은 곳으로 만들려는 의지를 키우고, 이를 위해 학교 교육과 사회 현장을 연계하는 체험 활동을 중시하여 실질적인 문제 해결력을 높인다.

특히 교수는 가르치는(Teaching) 위치가 아니라 조력하는(Coaching) 위치에서 학생들과 교육 활동을 함께 형성해간다. 이 과정에서 학생은 자기 주도적인 태도로 학습에 참여하게 되고, 팀 프로젝트를 경험하면서 토론 능력이나 협업 능력을 키울 수 있다. 개개인이 모두 효과적으로 성취해나갈 수 있도록 모든 교수-학습 과정은 개인별 목표 중심, '맞춤형'으로 섬세하게 기획된다. 특히 온라인 교육의 전면 도입, MOOCs 그리고 AI, 빅 데이터, VR, 메타버스 등과 이에 연계된 에듀테크의 활용으로 개인 맞춤형 교육 활동 등 고등교육 생태계가 빠르고 크게 변화되고 있다.

최근 한국 대학들도 생존을 위해 새로운 개념인 '공유대학'에 대한 관심을 키우며 새로운 대학 운영 방법을 모색하고 있다. 학령인구 감소에 따라 정원을 감축할 수밖에 없는 대학들이 갈수록 자원이 부족해지는 상황에서도 살아가는 방법을 모색하는 것이다. 또한 개인 또는 기관의 디지털 인프라 및 역량, 정보 접근 격차에 따라 불평등이 심화되며 승자 독식이 가속화될 수 있다. 이제는 경쟁보다는 국내외 다른 대학, 지역사회 및 공공기관의 우수한 역량과 자원을 서로 활용하는 방식으로 가용 자원을 크게 확대하며 서로 협력하고 상생하는 길을 찾아나가야 한다. 대면 또는 비대면 환경에서 교수, 학생, 동문, 교육 및 연구 공간과 기자재, 교육과정, 학점 교류, 플랫폼을 공유하는 것이다. 여기서 중요한 것은 대학들이 서로 비교하거나 카피하지 않고 외부의 자원을 적극 활용하며 자신만의 특성화 모델을 성공적으로 발전시켜 브랜드화시켜야 한다는 점이다.

3. 미래의 변화에
대비하라

미래와 세계를 변화시킬
인재를 준비하자

시대가 향유하는 기술이나 가치관이 변화하는 속도는 점점 더 빨라지고 있다. 시대적 흐름에 따라서 필요로 하는 인재상도 그만큼 빠르게 변화하고 있다는 뜻이다. 앞으로 어떤 능력과 소양을 갖추는지도 중요하지만, 훌륭한 인재를 키워내는 일이 우리 사회를 건강하고 행복한 공동체로 만드는 일이므로 더욱 중요하다. 우리는 AI나 유전자 기술과 공존하며 인간의 정체성을 지켜야 하고, 지구촌을 지속 가능하도록 하며, 동서양을 넘어 국가 간의 화합을 이루는 일들도 해결해나가야 한다. 대한민국의 힘을 키우고 발전시키며, 지구촌을 더 좋은 미래로 만들어가는 일이다.

이를 위해 대한민국은 초격차로 새로운 도약을 준비해야 한다. 이제는 모방이나 개선이 아니라 창조여야 한다. 미래의 인재들은 꿈을 꾸고, 호기심을 갖고 질문하고, 상상력을 발휘하고, 스스로 새로운 문제를 만들고 해결하는 능력을 키워야 한다. AI나 메타버스 등의 새로운 기술을 활용하는 능력도 중요하지만, 그러한 도구를 사용하여 멀리 보고 복합적으로 사고할 줄도 알아야 한다. 책, 친구, 집단생활, 탐구, 토론, 프로젝트 등의 다양한 경험도 필요하다.

상대보다 더 잘하는 것이 아니라, 자신의 분야에서 유일한 최고 전문가로 서야 성공할 수 있다. 남들과 비교하기보다는 자신만이 가진 독특한 색깔을 소중히 여겨야 한다. 그러려면 학생들을 어떤 틀로 가두거나 가르치려 하는 것이 아니라 이들의 상상력과 다양한 가치를 중시하여 하고 싶은 것을 마음껏 하도록 자유분방한 환경을 만들어줘야 할 것이다. 캠퍼스는 자유로워야 한다.

앞으로 대학도 살아남으려면 세계로 눈을 돌리고, 우리 사회와 지구촌이 요구하는 인재를 맞춤형, 특성화로 키우며 경쟁력을 높여야 할 것이다. 특히 학부 교육은 교양교육 중심의 사고력을 키우는 기초 체력, 스스로 생각하고 개척하는 자세, 문제해결 능력, 공감 능력, 배려하고 협력하는 법, 리더십 등을 다양한 경험과 체험을 통해 체화시키는 모델로 혁신해야 한다. 무엇보다도 한 사람의 성공과 행복을 중시해야 하며, 이는 바로 대학 경쟁력, 국가 경쟁력이 된다는 점을 잊지 말아야 한다. '학생 성공'의 개념을 정립하고 모든 초점을 여기에 맞추는 것이 매우 중요하다. 교수는 코칭(지도와 상담)으로 조력자 위치에 서야 하며, 학생 개인별 학습 경로, 경험, 체험을 중시하여 AI와 빅 데이터로 체계적으로 성장을 도와야 한다. 대학들은 오늘의 생존을 위한 평가지표 관리를 할 것이 아니라, 학생의 꿈과 비전을 제대로 세워가도록 하는 동반자가 되어야 할 것이다.

한국 고등교육의
과제와 희망

    지금까지 한국 대학들은 주로 국내외 각종 대학 평가와 신입생 유치 및 재정 확보에 관심을 둬왔지만, 세계는 대학의 본질인 교육 자체에 대한 패러다임을 크게 바꿔가고 있다. 학점이나 학위, 전공, 표준화, 획일성 등 과거의 패러다임은 더 이상 유효하지 않다.

    정부와 사회는 대학 혁신을 새롭게 인식해야 한다. 학령인구 감소에 따른 정원 감축이라는 구조조정도 중요하지만, 교육이 제대로 이뤄지는 일이 먼저 아니겠는가? 불확실한 대전환기에 대한민국과 지구촌 인류의 미래를 이끌어갈 학생들의 잠재력을 제대로 이끌어내는 일이 무엇보다 중요하다. 세계경제포럼의 2018년 조사에서 우리나라 대졸자의 비판적 사고력은 140개 국가 중 90위였다. 대학들이 그동안 창의성, 문제해결력, 비판적 사고력, 의사소통 능력 등을 갖춘 미래 인재를 양성하겠다고 했지만, 단지 구호에 불과했던 게 아닌지 깊이 반성할 필요가 있다.

대학은 선제적으로 스스로 성찰하며 능동적으로 대응하고, 추구하는 가치와 비전을 명확히 하며, 뼈를 깎는 혁신을 꾀해야 할 것이다. 교육기관으로서의 가치와 정체성, 이를 통한 사회적 역할을 확대해야 한다. 대학 혁신이란 결국 학생들이 가고 싶은 대학으로 변화시키는 일이다. 특히 교육 혁신은 학생이 행복하고 성공적으로 학습하도록 돕는 것이라는 사고의 전환이 필요하다. 학생들이 희망을 갖도록 해야 한다. 이를 위해 대학은 먼저 그동안 익숙한 사고, 쌓아온 고정관념과 틀을 과감히 버리고 새로운 변화를 위한 성찰을 시작해야 한다.

대학은 앞으로 계속 새로운 기술 변화를 시도해야 하고, 새로운 직업에 맞닥뜨릴 학생을 위해 전공을 위한 교육보다 지식을 쌓기 위한 기초 훈련에 전략적 초점을 맞춰야 한다. 2013년 미국대학협의회에서 조사한 바에 따르면 기업들은 교양 기초 교육이 줄 수 있는 가치에 주목하고 있다. 조사 대상 기업 중 95%가 학부 전공보다 지적 역량, 대인 관계 기술이 기업 현장의 혁신에 더 기여하며, 이들 중 93%는 학부 전공보다 비판적 사고 능력, 소통 능력, 문제해결 능력이 더 중요하다고 응답했다. 가장 혁신적인 대학 중의 하나인 스탠퍼드대학도 폭넓은 교양 기초 교육의 중요성과 가치를 강조하고 있다. 갈수록 변화가 가속되는 세계에서 사회로 나가기 전 학생이 갖출 수 있는 최선은 비판적·도덕적 사고력, 창의적 표현력, 다양성 수용력, 변화 적응력이라는 핵심 기술을 터득하는 일이라는 것이다. 이는 교실에서 배운 내용을 사회 현장과 연계하는 문제해결형 체험 활동을 통해 완성해간다.

대학은 기본적으로 개인별 맞춤형 학습 시대를 만들어야 한다. 개인의 특성과 잠재력을 극대화하여 생산성을 높이는 일이다. AI, 빅 데이터 등을 활용한 개인별 맞춤형 교육 서비스를 다양한 방식으로 확대해나가야 한다. 플랫폼을 기반으로 에듀테크를 접목하여 학습 콘텐츠와 학습 방식을 다양화하고, 맞춤형 교육 서비스를 대학생뿐 아니라 국내외 일반 대중까지 확장해 제공하는 흐름에 주목해야 한다. 언제, 어디서나 학습에 참여할 수 있고 교수와 학생 간의 토론, 프로젝트, 협업 등이 학생 맞춤형으로 가능해야 한다. 등록금, 학위, 전공, 학점, 교육과정과 시간, 평가 등에 대한 기존 시스템이 크게 변해갈 것이다. 이러한 방향에서 디지털 전환이 전통적인 대학을 해체시키며 고등교육을 혁신하고 있는 셈이다.

대학은 이제 고등교육을 전 세계 학생을 대상으로 하는 글로벌 교육산업으로 발 빠르게 성장시켜야 한다. 속도가 중요하다. COVID-19 이후 비대면 교육에 대한 가치가 크게 달라졌으며, 다양한 방향과 방식으로 진화되고 있다. 학생이 한 대학에 머물기보다는, 다른 국내외 대학 및 민간 교육 시설에서 하는 온라인 강좌 등으로 학점을 모아 마이크로, 나노 학위, 자격증 등을 받을 수 있게 되었다. 이제는 출신 대학, 학위증보다 실질적 역량을 중시하고 있다. 이미 MOOCs는 물론 국내외 대학 밖 교육기업들이 크게 성장하며 대학을 앞질러 나가고 있다. AI를 활용한 글로벌 교육 플랫폼은 해외 학생들의 유치 및 해외 진출에 중요한 역할을 할 것이다. 한국 대학은 20년 전 세계에서 가장 먼저 훌륭한 인프라를 갖췄는데도 별 움직임이 없었고, 온라인 교육이 전체 교과목의 20%라는 제한 규정에 묶여 있었다. 그러는 동안 2020년 세계 에듀테크 분야에는 유니콘 기업이 19개이고, 미국과 중국이 각각 8개씩이라고 한다. 크게 반성해야 할 대목이다.

대학은 개별 대학의 한계를 넘어서기 위해서라도 공유대학 개념을 더욱 활성화하고 발전시켜야 한다. 앞으로 국내외 대학들이 협업하는 공유대학 개념이 빠르게 활성화될 것이다. 개방과 연결을 통해 개별 대학의 한계를 뛰어넘을 수 있는 '공유' 개념을 적극적으로 확대해 나갈 때 새로운 학교 경영 및 다양한 교육 모델이 만들어지고 그에 따른 경쟁력을 키울 수 있다. 공유대학이 성공하려면 공유의 정신을 이해하고 살리는 것뿐만 아니라 각 대학의 고유 가치와 강점들을 지키며 특성화하도록 세심한 설계와 운영 방안을 마련해야 한다. 이와 더불어 미래에도 '대학 시스템', '연구', '캠퍼스'가 핵심 요소로 유지될 것이다. 대학은 장소로서의 캠퍼스, 함께 만나고 활동하는 공동체 그리고 다른 분야를 탐색, 경험하며 융합적 학습과 이력을 쌓아갈 수 있다는 강점이 있다. 다른 교육 시스템과 차별화할 수 있음을 최대로 활용해야 한다.

정부와 사회는 미래를 이끌어갈 인재를 키워내야 하는 대학들을 줄 세우기보다 디지털 비대면 시대에 대학별로 특성화와 창의적 인재 양성에 집중하여 자신만의 성공 모델을 만들게끔 정책의 초점을 바꿔야 한다. 대학이 희망임을 깨닫고 새로운 차원에서 대학 정책을 혁신해야 한다. 디지털 전환, 팬데믹의 흐름에서 예측하기 어려운 미래는 빠르게 다가온다. 특히 새로운 시대에는 국가 경쟁력은 물론이고, 인류의 생존 문제는 대학이 가진 철학과 경쟁력에 크게 좌우된다는 점을 인식해야 한다.

미래 교육은 인공지능, 유전자 기술에 따른 '새로운 인간'의 출현에 대비하여 이들과 공존, 조화를 이루며 인간 중심 사회를 지속적으로 유지·발전시키는 데 목적을 둬야 한다. 이를 위해 세계 수준의 연구 중심 대학, 특성화 기반의 강소 대학, 대규모 네트워크 대학 등 다양한 특성을 가진 기관들을 키우도록 선택적으로 집중 투자하는 것도 놓쳐선 안 된다. 정부는 이제 미래 대학의 역할을 제대로 인식하고 재정지원, 규제 완화 등으로 대학을 적극 도와야 할 것이다. 전체 대학의 80% 정도인 사립대학의 역할도 새롭게 인식하고 일본처럼 재정지원을 크게 확대해줄 필요가 있다.

결국 대학이 바뀌어야 한다. '세계가 대학이다'라는 캐치프레이즈를 높이 내걸어야 한다. 대학이 울타리를 없애고 사회와 세계에 적극 참여하는 것이다. 대학들은 새로운 비전을 보이고 기존 사고와 시스템의 틀에서 과감히 벗어나야 한다. 각자의 특성을 키우며 빠르게 변신해나가서 대학 경영에 대한 사회적 신뢰도 쌓아가야 한다. 다양성, 연결 등의 시대적 특성을 반영하는 플랫폼과 같은 인재를 키워야 한다. 특히 현재 새 시대에 걸맞은 인재를 양성하도록 새롭게 설계하여 세계에서 혁신 대학으로서 인정받고 있는 미네르바대학, 에꼴42, 싱귤래리티대학, 올린공과대학, 애리조나주립대 등이 고등교육 개념 자체를 다양한 형태로 진화시켜나가는 모습에서 미래의 대학을 예측하는 것도 중요하다.

국가와 사회가 처한 시대적 소명에 적극 응답해야 발전한다는, 역사에서의 교훈을 되새겨야 하는 중대한 시점이다. 현재 미국, 유럽 등지의 대학들이 UN SDGs 기반의 지속 가능한 사회를 위한 적극적인 사회 참여와 사회적 역할을 주요 사명으로 선언하고 연합하는 이유다. 이제는 우리도 새로운 대학을 설계해야 할 때다. 새 시대에는 새로운 시스템이 필요하다. 새로운 모습의 대학이 국가의 힘이며 미래다. 국가는 주변 국가들과 공존하면서도 비교 우위에 있어야 나라가 부강하고 국민이 행복해질 수 있다. 최근에 지속 가능한 사회와 동서양 화합에 이바지하고, 무엇보다 세계와 미래를 경영할 인재를 양성하고자 미네르바형 대학이 태동되고 있어 새로운 기대를 갖게 한다. 이와 같은 변화와 혁신에서 한국의 고등교육도 희망을 만들어갈 수 있다.

참고문헌

교육부(2020.9.8.). 〈경제협력개발기구(OECD) 교육지표 2020〉 결과 발표.

권오현(2018).《초격차》. 쌤앤파커스.

권오현(2020).《초격차: 리더의 질문》. 쌤앤파커스.

기획재정부 보도자료(2017.9.27.). 2017년 세계경제포럼(WEF) 국가경쟁력 평가 결과.

김대종(2021). 서울총장포럼 공유대학 사례를 통한 시사점. 한국대학교육협의회, 〈대학교육〉, 212호, 54~61.

김민정(2020). MOOC의 특장점 및 동향. 한국대학교육협의회, 〈대학교육〉, 210호, 52~57.

김성제, 임상훈(2018). 미래대학: 가르침(Teaching) 없이 배우는(Learning) 학교: 미네르바 스쿨의 역량 교육 집대성 플랫폼. 한국대학교육협의회, 〈대학교육〉, 200호, 70~77.

김완수(2019). 한국형 에꼴42, 이노베이션 아카데미(가칭) 운영계획. 한국대학교육협의회, 〈대학교육〉, 204호, 78~83.

김정인(2018).《대학과 권력》. 휴머니스트.

김정호(2021).《공학의 미래》. 쌤앤파커스.

김정희, 김시라, 안지윤, 전재희(2020). 신산업 분야의 니즈(Needs)와 4년제 대학생 취업인식도 조사 분석. 한국대학교육협의회, RM 2020-1-908.

김정희, 김흔(2021). 코로나-19 상황에서 대학생들이 바라본 진로 및 취·창업 교육의 실태와 개선 과제. 한국대학교육협의회, Higher Education Issue, 제7호.

김태년(2015). 5.31 교육개혁 실태 진단 - 고등교육 주요정책 중심으로. 2015년 국정감사정책자료집.

다나카 미치아키(2019). 《미중 플랫폼 전쟁 GAFA vs BATH》. 세종서적.

민경찬(2020). 코로나19 이후 대학교육의 진화, 팬데믹이 바꾸는 세상. 제이캠퍼스 연구보고서 J Report 제6호, 35-39.

민경찬(2021). 〈4차 산업혁명과 팬데믹 시대, 한국고등교육 생태계의 혁신〉. 《대전환의 시대 국가인재경영》. 초아출판사.

박정수(2020). 고등교육재정의 위기와 대응방안. 한국대학교육협의회, 〈대학교육〉, 209호, 70~77.

배상훈(2020). 공유대학: 개념, 모델, 그리고 성공요건. 한국대학교육협의회, 〈대학교육〉, 210호, 74~81.

배상훈(2021). 공유대학의 모델과 성공전략. 한국대학교육협의회, 〈대학교육〉, 212호, 30~37.

서지영(2021). 세계대학순위평가를 통해 본 고등교육 경쟁력 제고 방안. 한국대학교육협의회, Higher Education Issue, 제8호.

손상혁(2018). 혁신의 시대를 위한 대학의 사명. 한국대학교육협의회, 〈대학교육〉, 200호, 62~69.

손정우(2021). 공유대학의 새로운 모델: 경남USG공유대학. 한국대학교육협의회, 〈대학교육〉, 212호, 46~53.

신정철(2021). 융합적 교육 연구 활성화를 위한 제도적 기반 구축 방안. 서울대학교, 대학혁신센터 정책연구과제(700-20210001) 보고서.

심재율(2020). 《이광형, 카이스트의 시간》. 김영사.

요 리츤(2011). 《유럽의 대학 어디로 갈 것인가》. 서울대학교출판문화원.

유현숙(2009). 〈고등교육 경쟁력 제고를 위한 대학 구조조정 방안 연구〉. 한국교육개발원, 현안보고, OR 2009-01.

윤동열 외(2021). 《백지에 그리는 일자리》. 초아출판사.

이은화(2021). 부산지역 사립대학 교양중심 공유대학 협력안 사례, 그리고 성공을 위한 과제. 한국대학교육협의회, 〈대학교육〉, 212호, 38~45.

이재동(2020). 해외 대학의 사례를 통한 규제 개선의 시사점. 한국대학교육협의회, 〈대학교육〉, 208호, 54~61.

이지현(2021). 지방대학 혁신을 통한 공유성장형 지역혁신 생태계 조성. 한국대학교육협의회, 〈대학교육〉, 212호, 22~29.

통합유럽연구회. 《유럽을 만든 대학들》. 책과함께, 2015.

임소현, 박병영, 황준성, 황은희, 백승주, 김혜자, 이정우(2020). 한국교육개발원 교육여론조사(KEDI POLL 2020). 한국교육개발원, 연구보고 RR 2020-33.

장상현(2020). 인공지능(AI)을 활용한 원격교육. 한국대학교육협의회, 〈대학교육〉, 210호, 30~37.

정원창(2020a). 정권별 사립학교법 개정동향 분석. 한국대학교육협의회, Higher Education Issue, 2020년 제6호.

정원창(2020b). 일본 소규모 대학 현황과 지원정책. 한국대학교육협의회, 〈2020 고등교육 현안분석 자료집〉, 125-144. RM 2020-52-969.

정원창(2021). 일본의 사학진흥조성제도 현황과 시사점. 한국대학교육협의회, Higher Education Issue, 제10호.

조지 켈러(2006). 《미국 최고의 대학은 어떻게 만들어지는가》. 뜨인돌.

최재화(2018). 블록체인을 활용한 학력 및 학업관리 평가공학 시스템. 한국대학교육협의회, 〈대학교육〉, 200호, 52~55.

칼 야스퍼스(1997). 《대학의 이념》. 학지사.

토드 로즈(2018). 《평균의 종말》. 21세기북스.

허준(2020). 《대학의 과거와 미래》. 연세대학교출판문화원.

홍준현(2020). 대학의 글로벌 교육기회 확대를 위한 규제 개선. 한국대학교육협의회, 〈대학교육〉, 208호, 38~43.

황인성(2018). 새로운 교육, 미래의 교육모델: 에꼴42. 한국대학교육협의회, 〈대학교육〉, 200호, 78~83.

황정원(2021). 대학의 교육여건 실태 및 과제. 한국대학교육협의회, Higher Education Issue, 제9호.

학부교육선진화선도대학(ACE)협의회(2013).《학부교육 선진화의 비전과 도전》. 학지사.

한국대학교육협의회(2020).〈고등교육재정 통계자료〉.

한국대학교육협의회 조사분석팀(2018). 고등교육 정책 환경 및 주요 정책에 대한 대학 총장 인식 조사. 한국대학교육협의회,〈대학교육〉, 200호, 14~21.

C. Carney Strange, James H. Banning. 배상훈, 변수연, 함승환, 윤수경, 전수빈(공역)(2019). 캠퍼스 디자인. 학지사.

Anthony T. Kronman(2007). "Education's End". Yale University Press.

EUA(2021). "Universities without walls, A vision for 2030". European University Association.

Harry R. Lewis(2006). "Excellence without a Soul". Public Affairs.

Kevin Carey(2015). "The End of College". Riverhead Books.

Maya Bialik & Charles Fadel(2018). "Knowledge for the Age of Artificial Intelligence: What should Students Learn?". Center for Curriculum Redesign.

Strange, C. & Banning, J.(2015). Designing for Learning: Creating campus environment for student success (2nd).

Stephen M. Kosslyn and Ben Nelson(Ed.)(2018). "Building the Intentional University". The MIT Press.

경향신문(2020.9.9.). 토머스 프레이 "코로나로 원격 교육 각광… 10년 후 대학 절반 문 닫을 것".
https://www.khan.co.kr/people/people-general/article/202009092212035

뉴스1(2021.5.20.). 올해 대학 신입생 '미충원' 4만 명… 지방대 75% 집중.
https://www.news1.kr/articles/?4312241

동아닷컴(2020.1.10.). 폐교대학 속출하는데… 1400여 명 교직원 20년째 850억 임금 체불.
https://www.donga.com/news/article/all/20200110/99165672/1

매일경제(2021.7.16.). 지방 거점 국립대의 눈물… "원서만 내면 합격".
https://www.mk.co.kr/news/society/view/2021/07/687703/

머니투데이(2021.7.1.). 대학 총장들 "미래 교육 준비 위해 고등교육 재정 확충해야".
https://news.mt.co.kr/mtview.php?no=2021070113485542970

문화일보(2020.11.11.). 美·英 주요대학 'AI 조교' 도입… 국내선 '수포자 막는 인공지능'.
http://www.munhwa.com/news/view.html?no=202011110
1031221081002

미래한국(2021.7.7.). 지방대학 폐교 위기, 어떻게 해야 하나.
http://www.futurekorea.co.kr/news/articleView.html?idxno=146068

서울신문(2020.10.19.). 유흥주점서 고대 법카 긁은 장하성… '연구·행정용' 쪼개기 결제.
https://www.seoul.co.kr/news/newsView.php?id=202010
20011009&wlog_tag3=naver

조선에듀(2017.11.1.). 마이크로칼리지, 대학 교육의 새로운 패러다임.
http://edu.chosun.com/site/data/html_dir/2017/11/01/ 201711
0100871.html?form=MY01SV&OCID=MY01SV

조선일보(2020.1.20.). "앞으로 10년간 전 세계 대학 절반 사라질 것".
https://www.chosun.com/site/data/html_dir/2020/01/20/
2020012000113.html?form=MY01SV&OCID=MY01SV

조선일보(2020.12.8.). 아시아 대학 톱 10에 국내 대학 1곳도 없어.

https://www.chosun.com/national/education/2020/12/08/VWADAJT
V2ZARPDLHYPDYI4IWT4/

중앙일보(2021.7.16.) "달달 외우는 교육 필요없어, 원하는 전공 설계할 수
있어야".

https://news.joins.com/article/24106608

BBS(2021.5.12.) 전국대학노조, 고등교육재정교부금법 추진해 나갈 것.

http://news.bbsi.co.kr/news/articleView.html?idxno=3031468

e-대학저널(2021.4.28.). 반상진 KEDI 원장 "대학 재정 안정 위해 '고등교
육제정교부금법' 제정 필요".

http://www.dhnews.co.kr/news/articleView.html?idxno=140111

이노베이션 아카데미 홈페이지.

https://innovationacademy.kr/academy/main/view

시사상식사전(2021.7.10.). 국제경영개발대학원(IMD).

https://terms.naver.com/entry.naver?docId=973147&cid=43667&c
ategoryId=43667

시사상식사전(2021.7.11.). 세계경제포럼.

https://terms.naver.com/entry.naver?docId=69339&cid=43667&cat
egoryId=43667

일본경제신문(2019.6.6.). 大 の 部 渡を容易に文科省'再編・統合を後押し.

https://www.nikkei.com/article/DGXMZO4577603 0W9A600C
1CR8000/

일본 문부과학성(2019.6.). 立大 改革方針.

European Commission(2018.5.30.). "The European Commission
adopts proposal for the next Erasmus programme 2021-2027". http://
erasmusplus.md/en/european-commission-adopts-proposal-next-
erasmus-programme-2021-2027

HigherEdJobs(2016.8.18.). "Foreign-Born Faculty Face Challenges".

https://www.higheredjobs.com/articles/articleDisplay.cfm?ID
=1012(p129 footnote부분)

The Wall Street Journal(2019.2.11.). "Giving to Colleges Jumps 7.2%
to Record $46.7 Billion". https://www.wsj.com/articles/giving-to-
colleges-jumps-7-2-to-record-46-7-billion-11549861260(126 - footnote
부분)

University World News(2012.7.15.). "The rise of for-profit universities
and colleges". https://www.universityworldnews.com/post.
php?story=20120710160228719

미래의 인재, 대학의 미래

학생이 대학을 선택하는 시대

초판 1쇄 발행 2022년 3월 16일
초판 2쇄 발행 2022년 9월 21일

지은이 · 권오현, 민경찬, 배상훈, 오대영, 이광형, 장상현, 허준
펴낸이 · 박영미
펴낸곳 · 포르체

편   집 · 임혜원, 이태은
마케팅 · 이광연, 김태희
디자인 · 최희영

출판신고 · 2020년 7월 20일 제2020-000103호
전화 · 02-6083-0128 | 팩스 · 02-6008-0126
이메일 · porchetogo@gmail.com
포스트 · https://m.post.naver.com/porche_book
인스타그램 · www.instagram.com/porche_book

여러분의 소중한 원고를 보내주세요. porchetogo@gmail.com